Roland Kachler

Warum Lachen die beste Therapie für Paare ist

Roland Kachler

Warum Lachen die beste Therapie für Paare ist

Mit einem Vorwort von Hans Jellouschek

Kreuz

Inhalt

Vorwort

Liebe und Lachen haben offenbar viel miteinander zu tun. Auch wenn die beiden jungen Leute sonst zwei recht ernste Menschen sind: Wenn sie sich ineinander verlieben, haben sie plötzlich ganz viel Spaß miteinander, sie lachen und kichern, dass die Umwelt sie nicht wiedererkennt. Und jeder weiß, wie befreiend es ist, mit dem Partner über etwas oder sich selber herzhaft lachen zu können. Es ist, als ob die Sonne durch die Wolken brechen und die Landschaft ringsherum wieder in helles Licht tauchen würde. Das gemeinsame Lachen scheint für die Liebe der Partner von großer Bedeutung zu sein. Soziologie, Psychologie und Kommunikationsforschung haben in den letzten Jahrzehnten viele Erkenntnisse über Paarbeziehungen gewonnen. Um so erstaunlicher ist, dass der Zusammenhang zwischen Liebe und Lachen meines Wissens nirgendwo zum Thema wird. Auch in der Paar-therapeutischen Literatur und in einschlägigen Ratgebern erinnere ich mich kaum, über die Bedeutung des Humors in der Liebesbeziehung Eingehenderes gelesen zu haben.

Der erfahrene Beratungsstellen-Leiter und Paartherapeut Roland Kachler nimmt sich nun im vorliegenden Buch – soweit ich sehen kann als erster – dieses wichtigen Themas an. Er weiß natürlich auch, dass es nicht nur das Lächeln und Lachen der Liebe gibt. Lachen kann auch verletzend, zerstörerisch sein. Der Autor hat darüber wichtige Dinge zu sagen. Aber sein Hauptinteresse gilt dem Lachen »als der besten Medizin« auch für die Partnerbeziehung. Das Lächeln der Liebe, mit dem alles begonnen hat, das gemeinsame, miteinander verbindende Lachen, die Fähigkeit, über sich als einzelnen und über uns als Paar zu lachen, und das Lachen der Weisheit aus dem liebevollen Wissen über unsere Begrenztheit: Das sind die Stationen, über die uns Kachler durch das »Land des Lächelns« führt, und er erleichtert uns diesen Weg dazu noch durch eine liebevoll-humorvolle Schreibweise und eine erlesene kleine Sammlung von herrlichen Beziehungs-Karikaturen. So erreicht er, dass wir beim Lesen bereits das lernen und üben, worauf es ihm ankommt: den Humor in der Partnerschaft, so dass es uns gelingen könnte, auf eine höchst angenehme Weise das eine oder andere Beziehungsdrama lachend hinter uns zu lassen. Ein Buch, das man darum am fruchtbarsten wohl gleich zu zweit liest!

Ammerbuch, im September 2000   Hans Jellouschek

Lachen – Lebenselixier für Paare

Wann haben Sie zum letzten Mal mit Ihrem Partner zusammen gelacht? Fällt Ihnen die Antwort schwer, dann brauchen Sie wieder einmal etwas zum Lachen!

Lachen ist nicht nur Lebenselixier für den Einzelnen, sondern auch für Paare!

Erinnern Sie sich einmal an die ersten Fotos von Ihnen als Liebespaar oder an Ihre Hochzeitsbilder: ein lachendes, ein strahlendes Paar – zumindest zwei lächelnde Menschen. Die Botschaft dieses Lachens ist klar: Wir sind glücklich miteinander! Unsere Freude darüber ist uns im Lachen ins Gesicht geschrieben. Und das wird sich nie ändern. Es gibt keinen Grund zu befürchten, dass uns als Paar einmal das Lachen vergehen könnte.

Doch zurück zum Heute: Brauchen Sie als Paar etwas zum Lachen? Sie können die Probe aufs Exempel machen. Versuchen Sie in Gesellschaft und in Gegenwart Ihres Partners, einen Witz zu erzählen! Schaffen Sie den Witz bis zur Pointe? Kann Ihr Partner noch mitlachen? Oder gleichen Sie dem Paar, das Kurt Tucholsky schildert?

(...) Nach mehrmaligem Hin und Her versucht der Ehemann, den Witz zu erzählen. Sie unterbricht:

»Nein, so war das nicht. Walter, du erzählst es ganz falsch! Dazwischen, zwischen ihm und der Frau – also der Wanderer in der Mitte!«

»Meinetwegen in der Mitte. Das ist doch ganz egal!«

»Das ist gar nicht egal ... der ganze Witz beruht darauf.«

»Der Witz beruht doch nicht darauf, wo der Mann schläft!«

»Natürlich beruht er darauf! Wie soll denn Herr Panter den Witz so verstehen ... lass mich mal – ich werd' ihn mal erzählen! – Also der Mann schläft, verstehen Sie, zwischen dem alten Bauer und seiner Frau. Und draußen gewittert es. Lass mich doch mal!«

»Sie erzählt ihn ganz falsch ...«

Einige Minuten später:

»Du verdirbst aber wirklich jeden Witz, Walter!«

»Das ist großartig! Ich verderbe jeden Witz? Du verdirbst jeden Witz – ich verderbe doch nicht jeden Witz! Da sagt die Frau ...«

»Jetzt lass mich mal den Witz erzählen! Du verkorkst ja die Pointe ...!«

»Also jetzt mach mich nicht böse, Trude! Wenn ich einen Witz anfange, will ich ihn auch zu Ende erzählen ...«

»Du hast ihn ja gar nicht angefangen ... ich habe ihn angefangen!« –

»Das ist ganz egal – jedenfalls will ich die Geschichte zu Ende erzählen; denn du kannst keine Geschichten erzählen, wenigstens nicht richtig!« (...)

»Wenn du vielleicht glaubst, dass es ein Genuss ist, dir zuzuhören ...« –

»Trude!«

»Nun sagen Sie, Herr Panter – ist das auszuhalten! Und so nervös ist er schon die ganze Woche ... ich habe ...« –

»Du bist ...«

»Deine Unbeherrschtheit ...« –

»Gleich wird sie sagen: Komplexe! Deine Mutter nennt das einfach schlechte Erziehung ...«

»Meine Kinderstube ...!«

»Wer hat denn die Sache beim Anwalt rückgängig gemacht? Wer denn? Ich vielleicht? Du! Du hast gebeten, dass die Scheidung nicht ...« –

»Lüge!«

(...)

Was als Erheiterung gedacht war, endet bei Tucholsky mit einem lauten Türenzuschlagen.

Kommt Ihnen das bekannt vor? Sind Sie in Gefahr, Ihren Partner beim Witzeerzählen zu unterbrechen? Sind Sie der Meinung, dass Sie den Witz doch besser »rüber bringen« könnten? Können Sie nicht mehr über den Witz Ihres Partners lachen?

Nun, dann sollten Sie sich mit dem Humor in Ihrer Partnerschaft beschäftigen. Ihre Partnerschaft könnte eine Humorspritze vertragen. Lachen und Humor sind wie Vitamine für den Körper auch für eine Partnerschaft lebenswichtig. Lachen stärkt das Immunsystem einer Paarbeziehung.

Natürlich lässt sich Lachen nicht verordnen. Humor in

der Partnerschaft gibt es nicht auf Rezept. Aber die Haltung des Humors lässt sich lernen. Und was für Paare noch wichtiger ist: Eine humorvolle Einstellung lässt sich gemeinsam entwickeln.

Wir haben nichts mehr zu lachen – Paare im Clinch

Herr Müller ist beim Scheidungsanwalt. »Seit Jahren wirft meine Frau mit Tellern nach mir.« – »Und da kommen Sie erst jetzt?« – »Ja, neuerdings trifft sie.«

»Oh Gott!«, jammert die Wahrsagerin der Kundin vor. »Ich sehe Schreckliches, Ihr Mann wird in den nächsten Tagen sterben!« – »Das weiß ich«, entgegnet die Kundin, »ich will ja nur wissen, ob ich frei gesprochen werde.«

Witze wie diese gibt es wie Sand am Meer. Partner, die sich die Pantoffeln, das Geschirr und sonst noch was um die Ohren werfen, sind Legion. Solange nur mit solchen fast zivilen Gegenständen um sich geworfen wird, müssen die Witze noch als harmlos gelten. Gift, Messer und andere Mordwerkzeuge sind ebenfalls gängiges Instrumentarium im scheinbar überall lauernden und ewig dauernden Partnerschaftskrieg. Das Pulverfass – sprich das Aggressionspotenzial –, auf dem Paare sitzen, scheint ungeheuer groß zu sein. Nichts Wichtigeres und Witzigeres – außer Sex natürlich – gibt es in Partnerschaftswitzen.

Der Hörer solcher Witze übernimmt beim Zuhören einer sich aufbauenden Witzerzählung die aggressive Spannung. Mit der Pointe entlädt sich diese im Lachen. »Lachen statt Wütend-Sein« ist das Motto solcher Witze.

Außerdem spielt eine gehörige Portion Schadenfreude mit. Ein Paar, das sich einmal geliebt hat, geht nun so hässlich miteinander um. Die Witze spielen mit der Diskrepanz zwischen dem jetzigen aggressiven Umgang der Partner und der großen, ewigen Liebe, die das Paar wohl zusammengeführt hat. Wie erbärmlich und lächerlich nun das keifende, sich prügelnde Paar ist.

Doch dem Betrachter bleibt das Lachen sogleich im Hals stecken. Die Witze sind wohl auch ein Spiegel für die Aggression, mit der jedes Paar leben und umgehen muss. Diese Witze haben also doch auch Recht! Aggressivität bis hin zu Mordimpulsen gehört zu jeder Partnerschaft. Gelingt es einem Paar nicht, diese gewaltigen Gefühle immer wieder zu lösen, verstrickt es sich häufig in einem offenen oder verdeckten Kampf. Wie zwei Boxer oder Ringer verklammern sich die Partner miteinander und gegeneinander in einem Clinch.

Nun ist dem Paar jedes Lachen vergangen! Verkniffen und ernst sitzen solche Paare da. Allenfalls kommt ihnen ein gequältes Lächeln über das Gesicht. Die Häufigkeit des Lachens – man könnte sie als Lachquotient eines Paares bezeichnen – tendiert gegen Null. Paare sagen dann immer wieder »Wir haben nichts mehr zu lachen« oder »Wenn wir doch wieder lachen könnten«.

Darin schwingt die Erinnerung an leichte und schöne Zeiten, insbesondere an die Zeit des Verliebtseins mit. Miteinander Freude erleben, Spaß zusammen haben und miteinander lachen können – daran spüren Partner, dass es ihnen zusammen gut geht.

Umgekehrt verstehen Partner oft nicht, wie es dazu kommen konnte, dass ihnen das Lachen vergangen ist.

Warum haben wir nur diese Mordswut gegen den anderen und könnten ihm an die Kehle gehen? Warum wünschen wir ihn auf den Mond, den wir vor nicht allzu langer Zeit für ihn herunter holen wollten? Wie konnte nur unsere große Liebe so ins Gegenteil umschlagen? Das muss etwas mit der Liebe und dem Verlieben selbst zu tun haben!

Warum gerade der oder die?

Warum musste es gerade der oder die sein, auf die ich nun sauer und wütend bin? Warum musste ich gerade ihn oder sie anlachen, mit dem oder der ich nun nichts mehr zu lachen habe? War er nicht mein Märchenprinz, sie nicht meine Märchenprinzessin?

War ich damals blind vor Liebe? Hatte ich die rosarote Brille auf der Nase? Doch – genau das war es! Sie waren verzaubert vom Zauber des Anfangs. Das war wunderschön und sicher auch gut so, ist doch das Verliebtsein eine der aufregendsten Erfahrungen. Warum sollten Sie sie nun im Nachhinein schlecht machen?

Weil Sie den Falschen oder die Falsche erwischt haben in Ihrem Liebeswahn? Ganz so wird es nicht sein, hatten Sie doch ab und zu sicherlich auch den Kopf eingeschaltet und überlegt, ob der andere zu Ihnen passen könnte.

Aber Sie haben schon Recht: Ein großer Teil unserer Partnerwahl geschieht aus unbewussten Motiven heraus. Eben nicht nur der erwachsene Kopf, sondern vor allem das Kind in unserem Herz entscheidet mit, wenn es um die große Liebe geht. Dieses Kind, das wir aus unseren Kindheitstagen mitbringen, hat seinen eigenen Kopf, besser sollte man sagen, seine eigenen Interessen und Bedürfnisse. Das Kind in uns spürt recht genau, was es für sich braucht. Und Kinder können ganz schön egoistisch sein. Sie fragen nicht mit dem Verstand, ob das richtig ist. Sie wollen nur das, was ihnen fehlt. Und auch das Kind, das jeder in sich herumträgt, hat Wünsche, Sehnsüchte und Träume, die ihm damals in der Kindheit nicht erfüllt wurden. Weil keine Kindheit perfekt ist, bleiben bei jedem Kind noch Wünsche offen. Genau diese Wünsche tragen wir an den heran, in den wir uns verlieben. Das Kind in uns hofft, dass genau dieser Partner die ersehnten Wünsche endlich erfüllt.

- Füttere und stille mich!
  Da Kinder unersättlich sind und keine Kindheit perfekt ist, wird kaum ein Kind jemals alles bekommen, was es an Zuwendung, Aufmerksamkeit, Ermutigung und Trost braucht. Deshalb gibt es in jedem von uns einen Hunger nach dem, was uns unsere Eltern nicht geben konnten. Vielleicht kann es dann mein Partner tun? Warum denn nicht? Kommt nicht der starke verlässliche Mann gerade recht, wenn ich Sicherheit und Schutz brauche? Kann nicht gerade sie mir die Wärme und Nähe geben, die mir meine Eltern nicht vermitteln konnten?
- Verbinde meine Wunden!
  Jedes Kind wurde einmal ausgelacht, bloßgestellt, missachtet oder beiseite geschoben. Das hinterlässt Wunden! Diese vernarben zwar, aber sie tun oft noch heute weh. Schlimme Wunden hinterlassen solche Erfahrungen wie die Scheidung der Eltern, ein ungewollter Umzug oder der Tod einer geliebten Freundin oder eines

Großelternteils. Oft hat damals niemand die Wunden des Kindes gesehen oder verstanden. Wäre es nicht schön, wenn nun jemand käme, der meine Verletzungen von damals sehen und mitfühlen könnte? Könnte das nicht der oder die sein, die mich in allem versteht?

- Erlöse mich vom bösen Zauber!

Eltern oder Lehrer haben oft festgefahrene Bilder von ihren Kindern. Der Junge ist dann der kränkliche Knabe, der unansehnliche Frosch oder schon der große Held, das Mädchen die Prinzessin auf der Erbse, das schüchterne Mauerblümchen oder die Draufgängerin. Die Bilder legen uns als Kinder ziemlich fest. Oft wären wir gerne ganz anders, als wir gesehen wurden. Wäre es nicht schön, wenn uns jemand die alten Fesseln abnehmen und die alten Bilder abstreifen würde? Wäre es nicht schön, wenn der Frosch endlich wachgeküsst oder der verzauberte Vogel durch die Berührung mit einer Blume endlich die junge Frau würde? Warum sollte es uns im Verlieben nicht wie im Märchen ergehen?

- Kurz: Sei mein Retter! Sei meine Retterin!

Das Kind in uns braucht also einen starken Retter, eine Retterin. Er oder sie soll das Kind von den Wunden, den Defiziten und Festschreibungen der Kindheit befreien. Oft soll der Retter wie ein großer, starker Ersatzpapa, die Retterin wie eine große, fürsorgliche Ersatzmama sein.

Kommt uns nun jemand in die Quere, der genau dieser Retter, diese Retterin zu sein scheint, ruft das Kind in uns: »Halt! Genau diesen oder diese! Keinen anderen, keine andere!« Mit allen Gefühlen, deren ein Kind fähig ist, wirft es sich an den Hals des/der zukünftigen

Retters oder Retterin. Auch wenn der andere nicht ganz dem Wunschbild des Kindes entspricht, wird er schon der richtige sein – die rosarote Brille macht ihn noch ein wenig stärker, fürsorglicher, hübscher und so weiter – und schon stimmt alles. Und schon hat man sich in den anderen verliebt! Wenn der andere aus ähnlichen Gründen das Gleiche tut, umso besser! Denn nun haben wir uns zum Paar gefunden!

Ende gut, alles gut? Es scheint so! Aber Vorsicht: Hier haben sich vor allem zwei hungrige, verletzte oder verzauberte Kinder gefunden, die nun die Erlösung vom anderen erwarten. Der andere wird das schon können. Er gibt sich doch alle Mühe und tut alles für mich. Und tatsächlich: Im siebten Himmel des Verliebtseins bekomme ich alles vom anderen, alles ist so leicht und heiter. Und wenn der andere manches doch nicht so recht einlöst, was ich mir von ihm versprochen habe, wird er es eines schönen Tages schon noch tun.

Erinnern Sie sich doch einmal an die Zeit des Verliebtseins und besprechen Sie mit Ihrem Partner folgende Fragen:

- Was hat mich an dir damals so fasziniert und angezogen? Waren es deine Augen, dein Lachen, deine Stärke, deine Spontaneität oder etwas ganz anderes?
- Wonach habe ich mich als Kind schon immer gesehnt? War es vielleicht das, was ich im Verliebtsein von dir erhofft und dann anfänglich auch bekommen habe?
- Wo bin ich in meiner Kindheit zu kurz gekommen? Was habe ich nicht bekommen an Zuwendung, Aufmerksamkeit und Fürsorglichkeit und erwarte es von dir?

- Wo habe ich in meiner Kindheit schwierige und verletzende Erfahrungen gemacht? Wo will ich von dir wie von einem Vater oder einer Mutter verstanden werden?
- Wie wurde ich in meiner Kindheit von meinen Eltern und meiner Umwelt gesehen? Welches Bild hatten die anderen, ich selbst von mir? Habe ich mich in diesen Bildern richtig gesehen und wohl gefühlt? Wäre ich gern anders gesehen worden? Wie hast du mich als Partner damals beim Verlieben gesehen?

In diesem Gespräch werden Sie die Hoffnungen, Erwartungen und Sehnsüchte entdecken, die Sie im Verliebtsein entwickelt haben und für die Sie damals die Erfüllung vom anderen erträumt hatten.

Wie aus verliebtem Lachen Frust wird

Doch es kommt alles ganz anders! Der andere bleibt nicht die ganze Zeit so, wie ich ihn gesehen oder im Verliebtsein erlebt habe. Er ist nicht nur der zärtliche, liebevolle Retter oder die tröstende, nährende Retterin. Er ist eben nicht ein Engel auf Dauer. Und schließlich hat auch er seine Bedürfnisse, Wünsche und Forderungen an mich.

Also alles nur Täuschung? In gewisser Weise ja! Das Kind in uns hat sich im anderen getäuscht. Also steht nun die »Ent-Täuschung« an. Und das gleich in dreifacher Weise:

- Der andere ist anders!
  Wir müssen einsehen, dass wir da etwas verwechselt haben. Der andere ist nicht das Bild, das ich mir aus

meinen Hoffnungen und Wünschen zurecht gezimmert habe. Er ist nicht nur der rücksichtsvolle und zuvorkommende, sondern manchmal auch der genervte und gestresste Partner. Sie ist nicht nur die nachgiebige und verständnisvolle, sondern manchmal auch die energische und kritische Freundin.

Und vor allem: Er oder sie ist auf Dauer weder der große Retter oder die liebevolle Retterin noch Papa- und Mamaersatz. Sondern einfach nur mein Partner mit eigenen Wünschen an mich.

- Wir bekommen nicht alles!

Es wäre zu schön, wenn der andere uns immer unsere Kindheitswünsche von den Augen ablesen würde, es wäre zu schön, wenn er uns immer das in der Kindheit Vermisste nachreichen könnte. Doch es bleibt aus, worauf das Kind in uns so sehnlichst gewartet hat. Ist das nicht gemein? Jetzt bleibt das Kind in uns wieder allein mit seinem Hunger und seinen alten Wunden – wie enttäuschend!

- Auch das Schönste hat seine Schattenseiten!

Was wir anfangs am anderen so toll fanden, das hat nun plötzlich seine unerwarteten Nachteile. Haben wir uns da eine Mogelpackung angetan? Haben wir da etwas übersehen?

Genauer müssten wir sagen: Wir wollten nicht sehen, dass auch die erlesensten Vorzüge eine andere Seite haben – wie frustrierend. War er der Ruhige und Zurückhaltende, ist er nun der große Langweiler. War sie die Lebendige und Spontane, nervt sie nun mit ihrer Hektik und ihren zahllosen Aktivitäten.

Diese Thematik zeigt auch sehr schön die folgende Karikatur:

Da sitzt nun das Kind in uns mit seinem Frust. Nichts ist es mit dem besten Mann aller Männer, nichts mit der Traumfrau der geheimsten Träume. Der Frust ist riesengroß! Wohin mit der Enttäuschung?

Dieser nötige Enttäuschungsprozess muss nun nicht gleich im Unglück enden. Es gibt folgende Lösungsmöglichkeiten, die viele Paare ganz automatisch und unbewusst finden:

- Den Frust besprechen!
  Nicht nur am Ende der Verliebtheitsphase, sondern immer wieder werden wir vom anderen enttäuscht. Es ist wichtig, dies auszusprechen, zumal auch der andere immer wieder von mir frustriert sein wird. Frust in der Beziehung ist eine gemeinsame Erfahrung. Frühzeitig ausgesprochen und geteilt ist fast schon bewältigt.
- Von alten Träumen Abschied nehmen!
  Wir müssen realisieren, dass wir nicht alles vom Partner erhalten können. Das ist schade und macht auch wütend. Dahinter steckt oft aber die Trauer, dass wir wieder etwas nicht bekommen. Es tut dann gut, das bewusst zu betrauern. Wir müssen Abschied nehmen von der Illusion, dass wir alle offen gebliebenen Wünsche aus der Kindheit erfüllt bekommen.
- Für das Kind in uns selber sorgen!
  Was der Partner dem Kind in uns nicht geben kann oder will, könnten wir unserem Kind in uns selber geben. Wir sind doch inzwischen erwachsen und können für das Kind in uns selbst sorgen! Ich kann dem traurigen Kind in mir Trost zusprechen, ich kann dem unsicheren Kind in mir Sicherheit geben, oder ich kann das verlassene Kind streicheln. Wenn mich mein Partner

darin versteht und unterstützt, umso besser – aber für mein Kind in mir bin ich zunächst selbst zuständig.

Vielleicht werden Sie noch zögern, diese Lösungsschritte zu beschreiten. Schließlich hofft jeder, das Paradies doch noch einmal zu finden. Und niemand verlässt das Paradies gern endgültig. Aber es scheint keinen anderen Weg zu geben.

Wir müssen nun als Paar jenseits von Eden leben. Wir werden mit den beschriebenen Lösungsschritten den Partner realistischer sehen lernen. Er ist nun erwachsener Partner, der mir zwar nicht alle Kindheitsbedürfnisse befriedigt, der mir aber als Partner seine erwachsene Liebe schenken kann. Und das ist doch auch etwas!

Halten wir allerdings an der Erfüllung unserer alten Kindheitsbedürfnisse fest und erwarten wir weiterhin unser ganzes Lebensglück vom Partner, dann wird das Leben jenseits von Eden tatsächlich ziemlich beschwerlich. Dann hat ein Paar tatsächlich wenig zu lachen.

Wenn wir uns gegenseitig verletzen müssen

Wer auf seinem Frust sitzen bleibt, der schaut, dass er ihn wieder los wird. Was läge näher, als ihn bei seinem Partner abzuladen, schließlich ist er der nächst Beste. Nicht nur das: Er scheint auch der alleinige Verursacher meiner Enttäuschung zu sein. Also ist er daran schuld! Also muss er dafür büßen!

Die Enttäuschung des Kindes in uns sitzt tief. Sie geht an die existenziellen Wurzeln des Kindes in uns. Dementsprechend sind auch der Zorn, die Wut, ja bisweilen der Hass ziemlich stark und zerstörerisch. Für vernünftige Argumente ist das Kind in seiner Enttäuschung und Kränkung nicht zugänglich.

Im Gegenteil, es lebt seine Enttäuschung aus, indem

- es heftig einfordert, was es nicht erhalten hat. Das Kind dringt auf den anderen ein, hält ihn fest und macht massiven Druck.
- es den anderen anklagt, ihm die Schuld zuschiebt und ihn mit Vorwürfen überzieht.
- es seine Wut und seinen Zorn ungehemmt auslebt und dabei dem anderen einiges um die Ohren schlägt.
- es sich am anderen rächt und ihn gezielt verletzt, erlebt es doch die Enttäuschung auch als einen vom Partner beabsichtigten und gewollten Angriff.

Der andere Partner wird sich ebenso heftig wehren. Besser wäre noch, mit den gleichen Waffen zurückzuschlagen. Hat nicht auch er Enttäuschungen hinnehmen müssen? Rechtfertigt das nicht, den anderen zu verletzen? Angriff ist doch die beste Verteidigung.

Damit hat das Paar den steinigen Boden jenseits von Eden bestens vorbereitet. Auf ihm können nun der Clinch und der Kampf gut gedeihen. Das Paar sollte keine Möglichkeit auslassen, den Kampf zu forcieren, die Eskalation hochzutreiben und auf Rachefeldzug zu gehen – denn schließlich macht das doch jeder aus einer nur zu verständlichen Enttäuschung. Und vielleicht ertappen Sie sich auch dabei, dass Ihnen das Kämpfen, Clinchen und Verletzen Spaß macht. Es wohnt doch in jedem noch so reinen Herzen ein kleiner Sadist. Also worauf lange warten: Das Schlachtfeld ist bestellt, es darf gekämpft werden!

Der Clinch – ein unendlicher Kampf!

Blicken wir also auf das Schlachtfeld! Was braucht ein ganz normaler Ehekrieg? Folgende Zutaten sind unentbehrlich:

- Anlässe – leicht gefunden!
  Lassen Sie keine Chance aus, einen Konflikt vom Zaun zu brechen. Die gemeinsame Zeit ist viel zu wertvoll, als dass ein Tag ohne Kampf verstreichen dürfte. Anlässe gibt es genug: die herumliegenden Socken, die nicht zugeschraubte Zahnpastatube, der vergessene Mülleimer, die nicht ausgeräumte Spülmaschine … usw. Der Phantasie sind keine Grenzen gesetzt. Nichts kann klein genug sein, um den zündenden Funken zu einer Schlacht zu liefern.
- Blasen Sie zur Attacke!
  Greifen Sie schnell und direkt an. Vorwürfe, Schuldzuweisungen und Unterstellungen sind ein probates Mittel, den Gegner an seinen verletzlichen Flanken zu treffen. Zielen Sie genau, achten Sie auf die explosive Wirkung Ihrer Angriffe.
- Eskalationen machen es erst richtig schön!
  Auf Abwehrmaßnahmen oder Gegenangriffe reagieren Sie selbstverständlich mit einer Steigerung Ihrer Attacken. Nichts darf Ihnen zu schade sein, was Sie ins Feld führen; jede noch so gemeine Waffe will rücksichtslos gebraucht werden.
- Nur Siegen kann das Ziel sein!
  Hören Sie nicht eher auf, bis Sie gewonnen haben und Ihr Gegner klein beigibt. Erst der Sieg belohnt Ihre Anstrengungen.

- Auch eine Blockadepolitik wirkt!
Sollten Sie wider Erwarten Ihren Gegner nicht in die
Knie zwingen können, reicht es aus, ihn mit einer
Blockade lahm zu legen. Hierzu eignen sich insbesondere lang anhaltendes Schweigen und das Verweigern
von Sex. Keine Sorge: Der andere kommt winselnd an-
gekrochen und schenkt Ihnen den Sieg, oder er beginnt, Sie zu bedrängen. Ein willkommener Anlass,
wieder in den Clinch zu gehen.

Wenn Sie diese Anweisungen befolgen, werden Sie immer wieder Chancen auf neue Kämpfe bekommen. Es bil-
det sich auch ein voraussehbares Muster dieser Kämpfe
heraus (eine genaue Analyse und Beispiele finden Sie in
Kapitel 6).

Sollten Sie (oder gar Ihr Partner!) dennoch auf die ab-
surde und verrückte Idee kommen, aus dem Clinch auszusteigen, sollten Sie folgende Fragen zunächst für sich
überlegen und dann mit Ihrem Partner besprechen:

- Um was kämpfen wir eigentlich? Die kleinen Auslöser
(die auf der so genannten Inhaltsebene bereitliegen)
sind es wohl kaum, um die Sie mit Ihrem Partner
kämpfen. Es muss etwas anderes sein. Dies liegt auf
der so genannten Beziehungsebene. Hier geht es nicht
um die inhaltlichen Auslöser, sondern darum, wie es
Ihnen in der Beziehung zum anderen geht.
- Welche Enttäuschung steckt hinter unseren Kämpfen?
Worüber bin ich von dir besonders enttäuscht? Bekomme ich von dir zu wenig Nähe, übernimmst du zu
wenig Verantwortung, bist du zu wenig fürsorglich,
oder bist du zu wenig männlich oder weiblich? Wo

30

fühle ich mich also in der emotionalen Beziehung zu dir getroffen und verletzt?

- Kann ich auch für einen Teil meiner Enttäuschung eigene Verantwortung übernehmen? Wo bin ich für mich selbst zuständig und nicht der Partner?
- Kann ich den anderen in seiner Enttäuschung (wenigstens teilweise) verstehen? Wo gebe ich ihm tatsächlich zu wenig von dem, was er vermisst? Kann ich hier meinen Anteil sehen?

Liegen Paare allerdings schon länger im Clinch miteinander und gab es dabei massive Verletzungen, wird es ein Paar kaum allein schaffen, aus dem Kampf auszusteigen. Dann ist Hilfe von außen nötig.

Eine andere Ausstiegschance bietet der Humor. Die hier beschriebenen Kämpfe sind eben auch der Stoff, aus dem Partnerschaftswitze sind. Aus dem Abstand betrachtet, wirkt vieles an Partnerschaftskriegen skurril und grotesk. Es ist für Paare allerdings nicht ganz einfach, sich aus einer humorvollen Perspektive zu betrachten und sich und die eigenen Kämpfe als etwas Skurriles und Absurdes zu sehen. Dazu wird es in diesem Buch viele Hinweise und Anleitungen geben. Denn auch der Humor will eingeübt und wieder neu erlernt werden.

2 Lachen als Waffe

Nach übereinstimmender Meinung aller Witzeforscher war das Lachen anfänglich eine aggressive Drohgebärde, die einen Gegner einschüchtern und in die Flucht schlagen sollte. Das Zähnezeigen beim Lachen erinnert immer noch an das ursprüngliche Fletschen der Zähne gegenüber einem Angreifer. Erst allmählich wurde aus der Drohgebärde eine Begrüßungsgeste.

In manchen Stammeskulturen wurde vor einer Schlacht der Gegner in Spottversen verhöhnt und rituell ausgelacht. Dabei erhöhte das Lachen nicht nur den Zusammenhalt der eigenen Gruppe gegenüber dem Feind, sondern steigerte die eigene Aggressivität und Kampfbereitschaft.

Zahlreiche Witze leben auch heute noch von der verbalen Aggression gegen bestimmte Gruppen. Zum einen gegen höherrangige Gruppen wie Politiker, Regierende oder Diktatoren. Witze sind hier die einzige Möglichkeit, die eigene Aggression gegen »die da oben« abzuführen und zu zeigen. Legendär sind die DDR-Witze gegen das SED-Regime. Der Witz hebt für Momente den Rangunterschied auf und stürzt »die da oben« vom Thron.

Aggressive Witze gibt es aber auch gegen Gruppen, die in der Gesellschaft wenig angesehen sind, und gegen

Minderheiten. Ostfriesen-, Türken- oder andere Minderheitenwitze haben immer wieder Konjunktur.

Diese Witze dienen zur Abwertung einer schon abgewerteten Gruppe und damit der gefahrlosen Erhöhung des eigenen Selbstwertgefühls. Das Abführen unbestimmter Aggressionen findet in diesen Witzen ein Ventil. Da solche Witze häufig nicht erlaubt sind, erhöht der Tabuverstoß den Reiz solcher Witze.

Auch in vielen Partnerschaftswitzen wird das jeweils andere Geschlecht abgewertet. Richtete sich die Abwertung traditionell gegen die Frau, gibt es zunehmend Witze, in denen auch Männer »aufs Korn genommen werden«. Hier ein harmloses Beispiel:

> Kommt ein Mann in eine Buchhandlung und fragt, wo er das Buch »Der Mann – das überlegene Geschlecht« finden kann.
> Die Verkäuferin: »Utopische Literatur befindet sich im ersten Stock ...«

Lachen ist also auch in der Partnerschaft ein probates Mittel, Aggressionen loszuwerden, die eigene Position zu stärken und sich auf Kosten des anderen aufzuwerten. Was hindert Sie also daran, Ihren Frust und Ihre Wut gegen Ihren Partner auf diese Weise zu zeigen? Eine neue Waffe für den Partnerschaftskrieg. Hinein damit in das eigene Waffenarsenal!

Deshalb im Folgenden einige Anleitungen, wie Sie die Waffe des Lachens besser und perfider nutzen können – natürlich ganz humorvoll gemeint!

Reißt die Masken ab!

Es war schrecklich damals, als wir von unseren Mitschülern ausgelacht wurden. Und das nur, weil wir Sommersprossen, große Ohren, eine angeblich zu lange Nase oder noch zu viel Babyspeck hatten. Unsere Mitschüler waren Spitze, wenn es galt, unsere Schwächen aufzudecken. Das Gelächter der anderen war uns sicher, wenn wir am Reck den Klimmzug nicht schafften, wenn wir im Gesicht rot anliefen, wenn wir manchmal stotterten oder uns einfach nur in jemanden verknallt hatten. Die anderen hatten einen Riesenspaß an unseren Schwächen und Makeln und konnten sich prustendes Lachen nicht verkneifen. Wir dagegen wären vor Scham am liebsten im Erdboden versunken.

Bloßstellen und Auslachen sind nicht nur für Kinder schamvolle und destruktive Erfahrungen, sondern auch für Erwachsene sehr verletzend. In manchen Kulturen wird das Auslachen regelrecht als wirkungsvolle Erziehungsmethode eingesetzt, weil die Angst vor der Bloßstellung uns oft zur Anpassung bringt. Die Beschämung nimmt uns den Schutz unserer Intimität. Wir sind nackt und bloß den Blicken und dem Gelächter der anderen ausgeliefert. Das Auslachen trifft uns zutiefst in unserem Mark und verunsichert uns in unserem Persönlichkeitskern.

Deshalb ist das Bloßstellen und Auslachen auch in einer Partnerschaft ein mächtiges Instrument, den anderen zu verunsichern und zu demütigen.

In Witzen wird vor allen Dingen die sexuelle Unfähigkeit von Mann und Frau bloßgestellt. Der Zuhörer übernimmt dabei den Part dessen, der den anderen auslacht.

Solche Witze beziehen ihren Reiz aus diesem aggressiven Auslachen, das ebenfalls mit einem Tabubruch verbunden ist.

Hier nun einige Anleitungen:

- Hoffentlich erinnern Sie sich noch, wie Ihnen Ihr Partner seine Schwächen erzählt hat. Das ist schon lange her – aber dieses Wissen ist jetzt Gold wert. Auch wenn Ihr Partner nichts mehr davon wissen will. Sie kennen seine Unfähigkeiten und seine Makel, die er gern verbirgt. Lassen Sie sich nicht von seiner Maske irritieren, die er sich inzwischen wieder zugelegt hat. Die Feigenblätter, die der andere schützend vor seine Schwächen hält, sind schon lange ein Anachronismus. Reißen Sie sie wie Masken einfach ab. Stellen Sie ihn bloß!
- Kleine süffisante Bemerkungen sind ein guter Anfang. Beginnen Sie mit Äußerlichkeiten wie »Du hast auch schon besser ausgesehen!« (wenn ihr Partner verschlafen ins Badezimmer wankt), »Deine Haare sind auch nicht mehr so dicht wie früher«, »Dein Bauch könnte mal wieder eine kleine Diät vertragen« – … Möglichkeiten dieser Art sind keine Grenzen gesetzt. Garnieren Sie das Ganze aber in jedem Fall mit einem feinen, hintersinnigen Lächeln.
- Für Fortgeschrittene empfiehlt es sich, Charaktereigenschaften und persönliche Unfähigkeiten des Partners bloßzustellen. Gehen Sie an den Persönlichkeitskern heran! Und vor allem: Vergessen Sie ein breites Grinsen oder ein hämisches Kichern nicht, wenn Sie Ihrem Partner Nettigkeiten wie diese mitteilen: »Das wirst du wohl nie ganz verstehen, mit deiner Intelli-

genz«, oder: »Ganz wie deine Mutter, immer das letzte Wort!«

- Einen besonderen Lacherfolg und große Wirkung erzielen Sie, wenn Sie Ihren Partner vor Freunden oder Bekannten bloßstellen. Die anderen verstärken Ihr Grinsen zu einem brüllenden Gelächter, das Ihrem Partner noch lange in den Ohren klingen wird. Ihr Partner ist damit reichlich bedient.

Schadenfreude tut gut!

Der Zirkusclown und der dumme August sind Figuren, die uns mit ihren Missgeschicken zum Lachen reizen. Dabei stellt sich der Clown meist selbst ein Bein und beschwört damit das Unheil herauf.

Das Lachen des Zuschauers wird zunächst von der überraschenden, meist grotesken Situation ausgelöst. Der andere rutscht auf einer Bananenschale aus und schlittert über den Boden. Die Torte fällt dem Kellner vom Teller in den Ausschnitt der Dame – genau dort gehört der Kuchen nicht hin.

Der Zuschauer lacht aber auch, weil ein anderer, nicht er selbst, von einem Missgeschick getroffen wurde. Das Lachen ist also auch Ausdruck der Erleichterung, dass der Zuschauer selbst von einer Peinlichkeit oder einem Schaden verschont blieb. Deshalb braucht der, der den Schaden hat, für den Spott nicht sorgen – dieser wird ihm frei Haus zum Missgeschick dazu geliefert.

Nicht selten »gönnt« der Zuschauer dem Betroffenen dessen Missgeschick, weil er schon länger nicht gut auf ihn zu sprechen war. Das Missgeschick übernimmt nun das, was er dem Betroffenen vielleicht selbst gern angetan hätte. Der Betroffene macht sich selbst lächerlich, sodass es der andere nicht mehr tun muss. Das Lachen des Zuschauers ist mit einem aufrichtigen Gefühl von »Recht geschieht ihm« verbunden.

Und schließlich lebt die Schadenfreude auch davon, dass der andere sich »dumm und doof« angestellt hat. Man hat doch schon immer gewusst, dass der andere ein wenig beschränkt ist – das Missgeschick und das Lachen bestätigen es jetzt.

Hier einige Anleitungen, damit Sie in Ihrer Partnerschaft noch etwas mehr von Ihrer Schadenfreude haben:

- Vermeiden Sie Mitleid! Freuen Sie sich stattdessen, wenn sich zum Beispiel Ihr Partner stößt oder irgendwo anschlägt. Sagen Sie ihm grinsend oder milde lächelnd: »Das war doch nur dein Kopf.«
- Freuen Sie sich einfach mit, wenn Ihrem Partner etwas misslingt. Fällt ihm zum Beispiel ein Bild von der Wand, geben Sie Ihrem Gelächter freien Lauf.
- Lachen Sie nicht nur bei einem Missgeschick Ihres Partners, sondern sagen Sie ihm deutlich, was Sie von ihm halten: »Da hast du dich auch ziemlich blöd angestellt.« Oder: »Blöder kann man es nicht machen.«
- Zeigen Sie unverhohlen Ihre Schadenfreude mit dem Satz: »Das kann nur dir passieren. Mir ist so etwas noch nie passiert.«

Sollten Sie diese Anweisungen befolgen, werden Sie die alte Weisheit »Schadenfreude ist die schönste Freude« auch für Ihre Partnerschaft bestätigt finden. Und vor allem: Sie können Ihren Frust und Ihren Ärger gegen Ihren Partner ganz indirekt und wie unbeabsichtigt loswerden – Sie haben ihm sein Missgeschick doch nicht eingebrockt. Er ist doch wirklich selber schuld. Auch deshalb muss er die Suppe schon ganz alleine auslöffeln! Unterstützung dabei ist das Letzte, was er von Ihnen erwarten kann!

Attackiere verdeckt – werde ironisch!

Die Ironie spielt ähnlich wie der Humor mit Widersprüchlichkeiten und Ungereimtheiten. Sie verpackt dabei in einer Aussage zwei sich widersprechende Botschaften. Auf der ausgesprochenen Ebene trifft sie eine Aussage wie »Du bist furchtbar lieb«, auf der verdeckten Ebene bezweifelt sie diese Aussage, schwächt sie ab oder nimmt sie ganz zurück.

Deshalb eignet sich die Ironie für den raffinierten Nahkampf in der Partnerschaftsschlacht. Sie können wie mit einem Florett zustoßen, ohne ganz die Deckung zu verlassen. Sie schießen beispielsweise eine kleine Bösartigkeit und Verletzungen ab und sind dann sehr verwundert, dass das dem anderen weh tun konnte. Es war doch gar nicht so gemeint. Die abgefeuerte Kugel kommt zwar an, aber der Absender macht sich inzwischen schon aus dem Staub. Der Getroffene sinkt verwundet zu Boden, der Angreifer schlägt unschuldig seine Augen nieder und weiß von nichts.

Insofern ist die Ironie eine fein ziselierte Waffe im Partnerschaftskampf und besitzt sehr viel Stil. Schon deshalb sollte sie immer wieder eingesetzt werden. Das Florett der Ironie ist eleganter als der grobe und brutale Faust-kampf!

Hier einige Hinweise zur Verfeinerung Ihrer ironischen Kampfmethoden:

- Verpacken Sie Ihre Spitzen und aggressiven Akte nach dem Motto: »Hier hast du eine wunderschöne Rose – mehr Rosen hast du nicht verdient.«
- Schenken Sie Ihrem Partner Liebenswürdigkeiten, Komplimente und Anerkennung, aber nehmen Sie sie sofort wieder zurück nach dem Motto »Du bist mein bestes Pferd im Stall (Pause!). Du machst den meisten Mist.«
- Widersprechen Sie dem Wortlaut Ihrer Aussage durch einen ironischen Ton, durch ein Grinsen oder Lachen, wie zum Beispiel bei dem Satz: »Du hast doch immer Recht!«
- Achten Sie darauf, dass Sie mit Ihrer Ironie die verletz-lichen und verwundbaren Stellen Ihres Partners tref-fen. Spielen Sie dann den Unschuldigen, der nie und nimmer gedacht hätte, dass dieser Satz verletzen könnte.
- Versuchen Sie, Ihre Ironie zunehmend beißender und bösartiger werden zu lassen. Dann haben Sie bald das Ziel – den Zynismus – erreicht.

Lasse jeden Humor – werde Zyniker!

Der Zyniker hat den Bereich des Humors gänzlich verlassen, auch wenn er sich selbst noch witzig vorkommen mag. Seine Verbitterung und sein Hass drücken sich in gemeinen Witzen aus, bei dem einem das Lachen vergehen kann. Der andere wird erniedrigt und gedemütigt. Die Aggression wird nun ganz direkt und massiv geäußert. Sie ist allenfalls zur Tarnung in der Form eines Witzes verpackt. Das zynische Lachen ist nur noch das Gelächter des Hasses, der den anderen vernichten will.

In Paarbeziehungen zeigt sich im Zynismus auch die Verachtung, die ein Partner für den anderen übrig hat. In der Regel ist die Beziehung nun schon zerstört. Der Zyniker kann aber noch nicht ganz loslassen und gibt der Beziehung und dem anderen noch einige letzte Tritte.

Bevor wir nun den Zyniker unsererseits verachten, gilt es zu bedenken, dass in nicht wenigen Partnerschaften der Zynismus das Endergebnis destruktiver Prozesse ist. Auch davon zeugt eine große Anzahl von Witzen, in denen die Liebe selbst, Partnerschaften und das Zusamenleben von Mann und Frau massiv und voller Hass abgewertet werden.

Diese Witze seien aus Geschmacksgründen hier nicht aufgeführt. Aus demselben Grund werden hier keine Anleitungen für Zyniker gegeben. Die Verbitterung und der Hass in Partnerschaften finden – leider – auch ohne Ratschläge oft genug zum Zynismus.

Deshalb stellt sich hier vielmehr die Frage, was Partner tun können, wenn sie das Lachen und den Humor nicht mehr als Waffe gegen den anderen anwenden wollen. Stellen Sie sich selbstkritisch folgende Fragen:

- Welcher Ärger, welche Wut oder welche Verbitterung stecken hinter meiner Schadenfreude, meiner Ironie und meinen aggressiv getönten Witzen?
- Sind meine Witze gegen den anderen eine Rache für Verletzungen, die er mir zugefügt hat? Könnte ich mit ihm so darüber reden, dass ich sie ihm nicht sofort wieder nur vorwerfe?
- Welche Enttäuschungen stecken hinter meinen aggressiven Attacken gegen den anderen? Wo fühle ich mich in der Beziehung zu kurz gekommen? Könnte ich dies meinem Partner direkt, in nicht aggressiver Weise sagen?
- Könnte ich meinem Partner erklären, wozu ich meine bösartige Ironie oder gemeinen Witzeleien gebraucht habe? Könnte ich mich dafür entschuldigen?

Kann ein Paar in dieser Weise über die destruktiven Formen des »Humors« sprechen, könnte es ihm gelingen, auch wieder einen neuen, liebevolleren Humor zu entwickeln. Dafür will das vorliegende Buch im Folgenden Hilfestellung leisten.

Lachen statt Reden

Sie kennen folgende Situation: Sie sind ärgerlich auf Ihren Partner. Es herrscht dicke Luft zwischen Ihnen. Sie wollen Ihre Unzufriedenheit endlich einmal mit Ihrem Partner besprechen. Die Situation ist recht gespannt. Da macht Ihr Partner eine witzige Bemerkung. Er lacht dazu wieder einmal so entwaffnend, dass Sie sich dem nicht entziehen können. Sie spüren, wie die Spannung wie aus einem Ballon entweicht. Teils sind Sie selbst erleichtert, teils noch ärgerlich, dass Ihr Problem von der lustigen Seite genommen wird.

Ihr Partner macht noch einmal eine witzig-liebevolle Bemerkung, und schon sind Sie ganz umgefallen. Ihr Problem ist vom Tisch, und für den anderen ist die Situation scheinbar gerettet. Er beginnt von etwas ganz anderem zu reden. Bei Ihnen bleibt das schale Gefühl zurück, dass Sie mit Ihrem Thema nicht zum Zuge gekommen sind. Sie spüren dies zwar, sind aber dem humorvollen Charme Ihres Partners gänzlich erlegen.

Lachen und Humor werden hier offensichtlich als Ablenkungsmanöver eingesetzt. Geschieht das ab und zu, kann dies durchaus zur Entspannung in kritischen Konfliktsituationen beitragen.

Wird daraus aber eine ständige Strategie eines Partners, verhindert diese das ernsthafte Gespräch. Er nimmt alles auf die leichte Schulter, lässt alle Bedenken oder Kritik locker an sich abtropfen und lächelt über den Ärger des anderen. Er scheint eine Frohnatur zu sein, die alles locker und easy sieht. Aufgaben und Anforderungen des Alltags nimmt er auf die leichte Schulter und erledigt sie mit links, wenn er sie nicht vergisst oder irgendwann später macht. Nichts scheint seine gute Laune zu stören.

Der andere bleibt auf seinem Unbehagen sitzen, das sich allmählich zu einem Dauerärger anstaut. Benennt er das, gerät er in die Rolle des griesgrämigen Nörglers, der nichts mehr leicht nehmen kann. Er hat den Eindruck, dass er die ganze Verantwortung in der Partnerschaft und Familie übernehmen muss, weil der andere diese Dinge nicht so ernst nimmt.

Der Humor und das Lachen werden hier einseitig zum Nutzen eines Partners eingesetzt. Der andere hat das Gefühl, nicht ernst genommen zu werden. Er merkt, dass der Humor sich mehr und mehr gegen ihn richtet.

Zwar wird der Humor hier nicht bewusst als Waffe eingesetzt, doch längerfristig entzweit er die Partner.

Deshalb lässt sich umgekehrt sagen, dass ein konstruktiver Humor in der Partnerschaft den Blick beider Partner füreinander öffnet und die emotionale Nähe stärkt. Und dies geschieht auf eine leichte und spielerische Weise und auf längere Sicht.

3 Lächeln – mit ihm hat alles begonnen

Wäre es nicht schön, wenn Ihr Partner Sie morgens beim Aufstehen mit einem Lächeln begrüßte? Könnten Sie das Lächeln erwidern? Oder fällt es Ihnen schwer, morgens, noch halb schlafend, Ihren Mann oder Ihre Frau anzulächeln? Ist es nicht zu viel verlangt, dem anderen im Badezimmer zuzulächeln, wenn der Blick in den Spiegel das eigene Gesicht zerknittert, unausgeschlafen und ein bisschen grau zurückwirft? Vielleicht brauchen Sie zuerst eine Tasse Kaffee oder die Zeitung, um dann am Frühstückstisch Ihrem Gesicht ein Lächeln abzuringen. Spätestens beim Abschied am Morgen wäre ein Lächeln an der Zeit – aber vielleicht ist es schon zu spät, weil der andere bereits missgelaunt und frustriert gar nicht mehr damit rechnet. Vielleicht denken Sie auch, dass ein solches Lächeln doch nicht so wichtig sei.

Aber unterschätzen wir die Kraft des Lächelns nicht. Das Lächeln ist eine Geste der Zärtlichkeit ohne Berührung. Sie ist deshalb zurückhaltend und berührend zugleich – und kaum ein Partner wird sich dem geheimnisvollen Zauber des Lächelns entziehen können. Fast schon wie ein Reflex huscht dem anderen Partner als Antwort ebenfalls ein Lächeln über das Gesicht.

Am Anfang war das Lächeln

Vielleicht erinnern Sie sich an die ersten Momente Ihrer Liebe? Vermutlich war da ein Blick in die Augen des anderen – einen Augenblick länger als sonst üblich. Das signalisiert dem anderen: »Ich habe dich in den Blick genommen. Du interessierst mich!« Dann blicke ich aber auch zur Seite oder schlage die Augen nieder, vielleicht ein wenig verlegen, vielleicht spielerisch. Dann wieder der Augenkontakt – nun noch ein bisschen länger, noch ein bisschen tiefer in die Augen geblickt. Spätestens jetzt werde ich lächeln und damit dem anderen sagen: »Ich finde dich nett. In deiner Gegenwart fühle ich mich wohl. Geht es dir auch so?« Die Antwort kann der andere nun in einem Lächeln geben.

Aber wird der andere mit einem Lächeln antworten? In einem spannenden Bruchteil von Sekunden zwischen Hoffen und Bangen wird sich das entscheiden. Erleichtert registriere ich das Lächeln des anderen – für mich ein weiterer Grund, noch einmal zu lächeln, ein bisschen stärker, ein wenig offener, vielleicht sogar herausfordernd.

Jetzt heißt mein Lächeln: »Ich habe dich erkannt als jemanden, den ich mag und der zu mir passen könnte.« Das Lächeln des anderen teilt mir mit, dass auch er Sympathie empfindet.

Die Unsicherheit ist überwunden. Ich habe in diesen frühen Augenblicken der Annäherung keine Abweisung erlebt. Ich kann nun mutiger weitermachen und noch einmal lächeln, vielleicht noch ein wenig offener, vielleicht schon ein wenig verliebt.

Nun spüren wir beide, dass zwischen uns eine besondere, knisternde Atmosphäre entstanden ist. Das Kribbeln im Bauch signalisiert mir jetzt, dass ich mit dem anderen eine erste, berührungslose Zärtlichkeit ausgetauscht habe.

Das Lächeln – also der Geburtsort der ersten Liebesgefühle! Im Lächeln drückt sich aus, dass sich zwei gefunden haben.

Bei jedem Menschen steht das Lächeln am Anfang seiner Beziehungsfähigkeit. Das Lächeln ist ein wichtiger Teil unserer sozialen Geburt. Neben dem Weinen und Schreien ist das Lächeln die erste Kommunikationsmöglichkeit, um eine Beziehung zu unseren Eltern aufzubauen. Deshalb bringen wir das Lächeln als genetische Ausstattung schon mit auf die Welt. Zwei Wochen nach der Geburt ist es allerdings ein reiner Reflex, der noch nicht an eine bestimmte Person adressiert ist. Das erste Lächeln drückt einfach nur aus, dass wir uns gesättigt, trocken und wohl fühlen. Auch die vertraute Stimme der Eltern oder ein Kitzeln können dieses Lachen hervorrufen.

Die Erwachsenen reagieren auf den frühen Lächelreflex mit Freude, also mit einem eigenen Lächeln. Wir lernen als Säuglinge dann schnell, dass unser Lächeln bei den anderen etwas bewirkt. Wir spüren, dass dabei die Atmosphäre entspannt und wohlig wird. Die Stimme der Eltern wird durch unser Lächeln noch weicher, sie streicheln den Säugling oder wiegen ihn in ihren Armen. Bald kann der Säugling die Zuwendung und Versorgung den Gesichtern der Eltern zuordnen.

Erkennt das Baby das Gesicht der Eltern, antwortet es mit einem Erkennungslächeln. Die sich nähernde Person ist nicht fremd, sondern – »Gott sei Dank« – die vertraute

Versorgungsperson. Der kurze Moment der Unsicherheit, wer da auf den Säugling zukommt, löst sich auf, weil das Gegenüber als vertraut erkannt wird. Das Lächeln drückt aus: »Gut, dass du es bist, Mama oder Papa. Ich kenne euch.«

Nun fühlen sich umgekehrt auch die Eltern im Lächeln des Säuglings angesprochen und ganz persönlich gemeint. Eine über die Versorgung hinaus gehende nahe Beziehung ist entstanden: »Wir kennen uns. Wir wissen, wer der andere ist.«

Die Eltern sagen in ihrem Lächeln aber noch mehr aus, nämlich »Wir lieben dich über alles. Du bist das Allerwichtigste für uns.« Ihre Zuneigung drückt sich also nicht nur im Versorgen und im direkten körperlichen Kontakt, wie dem Streicheln, aus, sondern auch über den Abstand zwischen den beiden Gesichtern hinweg – und diese Brücke ist das Lächeln. Über diese Brücke tauschen nun Säugling und Eltern ihre intensiven Liebesgefühle aus – und beide haben das verstanden und wissen dies. Ein Liebesspiel zwischen den Mienen, den Gesichtszügen und den Augen hat begonnen. Beide – Säugling und Eltern – genießen es und festigen dabei ganz unmerklich ihre emotionale Bindung aneinander.

Das Lächeln – Erneuerung unserer Liebe

Wenn wir uns als Paar zulächeln, gehen wir an diesen doppelten Anfang des ersten Liebesspiels zurück – an den Anfang unserer Beziehung zu unseren Eltern und an den Beginn unserer Liebesbeziehung. Im Lächeln liegt also die ganze Kraft des Anfangs. In jedem Lächeln, das wir unserem Partner schenken, rufen wir in uns beiden die intensiven Liebesgefühle des Anfangs wieder wach. Weil dieses erste Liebesspiel des Lächelns noch ganz frisch und ungetrübt von Konflikten war, birgt es seine große Kraft. Im Lächeln kehren wir zu dieser ersten Quelle unserer Liebe zurück, nehmen Energie aus ihr auf und erneuern so jedes Mal unsere Liebesbeziehung. Wir sagen dem anderen »Ich mag dich. Du bist mir wichtig. Dir bin ich emotional nahe und verbunden.«

Wir tun also gut daran, wenn wir
- uns an das Lächeln des Liebesanfangs immer wieder erinnern.
- unsere Zuneigung durch ein Zulächeln immer wieder bestätigen und erneuern.
- der Kraft des Lächelns trauen und es für uns als Paar als wichtige Quelle der Zuwendung achten.

Lächeln – behutsame Sprache der Liebe

Worte können missverständlich sein. Zwar gehen wir als Partner davon aus, dass wir unter demselben Wort dasselbe verstehen, doch trifft diese Annahme häufig nicht zu. Das führt immer wieder zu Missverständnissen. Jeder Partner hat für einen Begriff ein eigenes, besonderes Verständnis. So kann Pünktlichkeit für den einen Partner minutengenaue Pünktlichkeit bedeuten, für den anderen ist eine viertelstündige Verspätung immer noch im Rahmen. Für den einen bedeutet Freiheit, dass er etwas Eigenes tun kann, für den anderen, dass er sich auch auf einen heftigen Flirt einlassen kann.

Anders als Worte kann das Lächeln dagegen kaum missverstanden werden, weil es eine universale Sprache ist, die uns nicht nur mit dem Beginn unserer menschlichen Entwicklung, sondern auch mit Menschen unterschiedlichster Kultur verbindet. Lächeln signalisiert zunächst einfach nur »Ich bin oder will freundlich zu dir sein«. Im Lächeln drücken wir unmissverständlich unsere Freundlichkeit und Zuneigung aus.

Zugleich ist das Lächeln ein unaufdringliches, behutsames Signal unserer Zuneigung. Der andere Partner hat die Freiheit, ebenfalls mit einem Lächeln oder aber auch ganz anders zu reagieren. Berührungen hingegen überschreiten häufig die Grenze des anderen, weil auch Berührungen missverständlich sind. Umarme ich den anderen, weil ich absichtslos meine Nähe ausdrücken oder weil ich mit ihm schlafen will? Berührungen sind dann für Paare schwierig, wenn diese gerade im Clinch einer sexuellen Blockade oder Verweigerung gefangen sind.

Lächeln dagegen ist das behutsame Spiel der Augen, der Mimik und des Gesichtes. Im Lächeln können wir feine Nuancen unserer Gefühle und Zuneigung ausdrücken, ohne dem anderen zu nahe zu treten. Im Lächeln entsteht eine nahe Verbindung, und zugleich wird der Abstand gewahrt. Nähe und Distanz, Bindung und Freiheit werden im Lächeln in einer guten Balance gehalten. Eine solche Balance aber brauchen wir als Erfahrung immer wieder, damit unsere Liebe nicht durch zu viel Nähe erdrückt wird oder durch zu viel Distanz verloren geht.

Deshalb ist das Spiel des Lächelns für Paare so wichtig. Es ist das freieste, behutsamste, leichteste und doch so nahe Spiel der Liebesgefühle.

Lächeln – nach dem Clinch neu beginnen

Aufgrund eines heftigen Konflikts, einer Verletzung oder einer schmerzlichen Enttäuschung entfernen sich die Partner emotional voneinander. Die Brücke zwischen beiden scheint unterbrochen, der Graben manchmal sehr weit zu sein. Vielen Paaren fällt es schwer, die Position des Streites und der Distanzierung wieder zu verlassen und aufeinander zuzugehen.

Ein behutsames, vorsichtiges Lächeln kann hier zu einer neuen Brücke zwischen beiden werden, ohne das »Gesicht zu verlieren«. In einer solchen Situation kann das Lächeln Unterschiedliches ausdrücken: »Es war nicht so gemeint. Lass uns darüber reden.« Oder: »Sei nicht böse. Es tut mir Leid.« Oder auch: »Lass uns wieder anfangen. Ich bin bereit, dir zu verzeihen.«

Auch hier wirkt die Kraft des Lächelns, die es von Beginn her hat. Wir können uns deshalb auch nach einem heftigen Streit diesem Signal des Partners kaum verschließen. Das Lächeln des anderen kann unseren Zorn oder unsere Verletzung überwinden helfen.

Allerdings ersetzt das Lächeln nicht die bewusste Auseinandersetzung mit dem Konflikt. Das Lächeln kann nur der Anfang sein – der allerdings ist nötig, damit überhaupt wieder eine Kommunikation zwischen den Partnern möglich wird. Dann aber braucht es das Gespräch über den Konflikt oder die Verletzung. Es gilt nun zu begreifen, warum wir uns gestritten oder verletzt haben. Wir müssen dann auch versuchen, die Position des Partners zu verstehen und sie so stehen zu lassen. Schließlich werden eine Entschuldigung und das Annehmen der Entschuldigung den Konflikt abschließen. Die Lösung des Konflikts, der

»Friedensschluss«, könnte dann mit einem weiteren – nun einem offeneren – Lächeln oder einer Umarmung besiegelt und bestätigt werden.

Dem Lächeln eine Chance! – Was wir tun können

Auch das Lächeln lässt sich nicht befehlen. Es muss von innen und aus der Zuneigung zum Partner kommen. Dennoch können wir lernen, sehr viel bewusster und achtsamer mit dem Lächeln als einem wichtigen Zeichen unserer Liebe umzugehen.

- Lächeln Sie für sich und spüren Sie, wie es Ihnen gut tut. Es ist dann leicht, dies auch dem Partner zu zeigen.
- Stellen Sie sich eine vergangene Situation vor, in der Sie Ihren Partner angelächelt haben, bei einem guten Essen im Restaurant, bei der Begrüßung nach längerer Trennung oder Ähnliches. Lassen Sie die Szene auf sich wirken. Sie werden merken, dass Sie unwillkürlich ins Lächeln kommen.
- Stellen Sie sich Ihren Partner lächelnd vor. Auch das tut gut! Sie werden sich ein eigenes Lächeln wohl kaum verkneifen können.
- Warten Sie nicht! Beginnen Sie mit dem Lächeln.
- Versuchen Sie es einfach! Lächeln ist einen Versuch wert – es kann etwas Neues in der Partnerschaft anstoßen.
- Erwidern Sie das Lächeln Ihres Partners – so kommt etwas ins Schwingen zwischen Ihnen und Ihrem Partner.

- Wenn Ihnen das Lächeln schwer fällt – sprechen Sie es mit Ihrem Partner an. Dann gibt es etwas zwischen Ihnen und Ihrem Partner zu klären.

Lächeln bleibt die universale Sprache der Liebe. Auch wenn unsere Liebe in den Konflikten und Alltäglichkeiten unterzugehen droht, hat diese universale Sprache die Kraft, uns unsere Liebe wieder bewusst zu machen.

4 Wer zu zweit lacht, lacht am besten!

Wann haben Sie als Paar zum letzten Mal zusammen gelacht? War es eine komische Situation, die Sie gemeinsam erlebt haben? War es eine Komödie oder ein Kaba-
rett, das Sie besucht oder im Fernsehen zusammen
gesehen haben? Haben Sie über einen Witz, den einer
von Ihnen nach Hause brachte, gelacht? Oder haben Sie
sich einfach nur gegenseitig gekitzelt? Haben Sie zusammen mit Ihren Kindern oder mit Freunden gelacht?

In der Regel schenken Paare dem gemeinsamen Lachen
und Humor keine besondere Aufmerksamkeit. Kann ein
Paar lachen, wird das als etwas Selbstverständliches hin-
genommen; ist einem Paar das Lachen vergangen, mag es
nicht an das Lachen denken.

Deshalb tun Paare gut daran, sich einmal über ihren
Humor und ihr Lachen Gedanken zu machen. Paare können mit dem bewussten Wahrnehmen des Lachens demselben mehr Raum in ihrer Beziehung geben, sie können
es stärken, auch gegenüber Konflikten, Schwierigkeiten
und Ärgernissen, die es in jeder Paarbeziehung gibt.

Nehmen Sie sich Zeit und besprechen Sie folgende Fragen:

- Wie lacht der andere, wie lache ich? Eher laut schallend und gerade heraus, oder eher verhalten und vergnügt für sich? Kenne ich also den anderen in seinem Lachen? Was drückt sich in der Art des Lachens von mir, vom anderen aus?
- Worüber lacht der andere? Welchen Humor haben wir beide? Unterscheidet er sich, oder sind wir hier ganz ähnlich? Liebe ich den derben, deftigen Humor, mein Partner eher die feinsinnige, leise Ironie? Welche Art von Witzen können mich und meinen Partner zum Lachen verführen? Welchen Witz habe ich, welchen mein Partner? Kann ich mit dem Schwarzen Humor meines Partners umgehen, oder verletzt er mich? Liebe ich Loriot und Woody Allen, mein Partner Charlie Chaplin und Mr. Bean? Ziehe ich Karl Dall vor, mein Partner dagegen Harald Schmidt? Langweilt mich Dieter Hildebrandt, während ich bei einer Comedy-Show aus dem Lachen gar nicht mehr heraus komme?
- Wer bringt den Humor in die Partnerschaft? Wer bringt den anderen mehr zum Lachen? Warum ist das so?
- Wie gehen wir mit den Unterschieden in unserem Lachen und Humor um? Regt uns der Unterschied eher an, oder blockieren wir uns gegenseitig? Was könnte ich vom anderen an Humor und Heiterkeit lernen? Wie könnte der andere mich unterstützen? Umgekehrt: Bremse ich den anderen und uns bei der Entwicklung einer humorvollen Atmosphäre? Warum und wie mache ich das? Wie könnte ich das unterlassen und mich auf den Witz meines Partners einlassen?
- Brauchen wir die Gesellschaft anderer, um gemeinsam zu lachen? Wenn das so ist, sorgen wir dafür, dass wir Gelegenheit zum Lachen und zur Heiterkeit haben?

In diesem – sicherlich spannenden und erhellenden – Gespräch werden Sie als Paar Ihre Defizite, aber auch Ihre Stärken in Sachen Lachen und Humor kennen lernen. Sie werden gemeinsam aufmerksam auf witzige, humorvolle Situationen in Ihrer Beziehung und Familie, aber auch auf Humorvolles, Groteskes, Absurdes, das Ihnen auch sonst im Leben begegnet. Bringen Sie es in Ihre Partnerschaft ein, denn auch für die Paarbeziehung gilt: Lachen ist die beste Medizin!

Lachen entspannt

Erinnern Sie sich, wie Ihnen jemand einen Witz erzählt: Die Erzählung geht allmählich auf die Pointe zu. Sie sind gespannt, was die überraschende Wendung in diesem Witz sein wird. Kommt die Pointe, stocken Sie einen Augenblick, bis der Groschen fällt, aber dann lachen Sie los – vorausgesetzt, dem Witzeerzähler war es gelungen, eine ausreichend starke Spannung in Ihnen zu erzeugen, die Sie nun über das Lachen abführen.

Denken Sie an eine gemeinsame komische Situation: Sie versuchen zusammen mit Ihrem Partner, ein Möbelstück im Auto zu verstauen. Ihnen gelingt das nicht, weil Sie sich dabei sehr ungeschickt anstellen und sich gegenseitig behindern. Sie sind beide angespannt und schon ein wenig ärgerlich. Plötzlich fängt Ihr Partner an zu lachen und prustet heraus: »Dick und Doof beim Autopacken.« Einen Augenblick schwanken Sie zwischen Ärger und Lachen, aber dann prusten auch Sie los. Sie können sich des Lachens nun nicht mehr erwehren, bis Sie beide laut schallend, sich am Auto festhaltend, lachen. Sie spüren beide, dass das Lachen eine kritische Situation zwischen Ihnen beiden aufgefangen und bereinigt hat. Die zwischen Ihnen aufgekommene Ärgerlichkeit ist wie weggeblasen. Ganz im Gegenteil: Sie fühlen sich vom Lachen wie befreit und ganz erfrischt. Mit neuem Schwung schieben Sie nun ohne große Schwierigkeiten das Möbelstück ins Auto.

Im Lachen entlädt sich also eine Spannung, die sich beim Erzählen eines Witzes oder beim Erleben einer komischen Situation aufgebaut hat. Schon Freud hat das Lachen als die Abfuhr von seelischer Erregung beschrieben. Dies wird besonders im lauten brüllenden Lachen deutlich: Explosionsartig bricht es heraus. Unser Zwerchfell kontrahiert rhythmisch, wir ringen nach Atem, durchbrechen die Atemlosigkeit mit neuen Lachern, bis dann das Lachen allmählich ausklingt und sich eine wohltuende Entspannung in uns ausbreitet.

Aber auch das leisere Lachen hat solchen kathartischen, befreienden Effekt, durch den sich angestaute Gefühle und Verspannungen abbauen.

Lachen wir als Paar wie im obigen Beispiel, löst sich deshalb die Spannung in uns, aber auch zwischen uns, sodass wir uns nach dem Lachen im wörtlichen Sinn als gelöst und befreit erleben. War vorher die Atmosphäre zwischen uns »geladen«, hat sie sich im Lachen entladen.

Da wir als Paar in den vielfältigen Anforderungen des Alltags immer wieder Verstimmungen, kleine Missverständnisse und Ärgernisse erleben, ist es so wichtig, diese nicht zu sehr zwischen uns anwachsen zu lassen. Das Lachen in einer komischen Situation, aber auch das gemeinsame Lachen über etwas Drittes wie einen Film oder einen Witz, baut die Spannung zwischen uns ab. In einer von Spannungen bereinigten Atmosphäre oder in einer gelösten Stimmung ist wieder neue Nähe zwischen den Partnern möglich.

- Aber Achtung! Lachen allein löst nicht tiefer liegende Spannungen zwischen einem Paar! Lachen kann aktuelle und akute Spannungen und Missstimmungen, die sich gerade zwischen den Partnern aufbauen, lösen. Es sei deshalb hier ausdrücklich betont, dass Paare eine durch das Lachen bereinigte Situation auch dazu nutzen sollten, miteinander ins Gespräch zu kommen.
Die Fragen, die zu besprechen wären, lauten: Was versteckt sich hinter der aufkommenden Spannung? Wo bin ich, wo ist der andere unzufrieden? Welcher mögliche Konflikt bahnt sich hier an?

Im Beispiel des autopackenden Paares gab es die Komplikationen, weil sich das Paar nicht recht auf eine gemeinsame Vorgehensweise einigen konnte. Die Kooperation des Paares war also konfliktträchtig. Wer gab die Anweisungen? Wer hat sie befolgt oder verweigert? Betrachtet man das Paar beim Autopacken noch genauer, zeigt sich eine weitere Ebene, die so genannte Beziehungsebene, auf der deutlich wird, in welcher Beziehung die Partner zueinander stehen. Dabei wollte der Mann die dominierende Position einnehmen, sie dagegen verweigerte ihm diese Position. Es ging also bei einem eigentlich harmlosen Ereignis genau besehen um die Dominanz in dieser Beziehung. Möglicherweise ist das ein Konflikt, den dieses Paar auch in anderen Situationen miteinander austrägt. Das Lachen hat den akuten Konflikt aufgelöst. Weiterführend wäre nun das Gespräch des Paares, was es hier eigentlich erlebt hat und welcher Grundkonflikt der Paarbeziehung dabei deutlich wurde.

Lachen verbindet

Sie kennen das: Sie wollen in einem Restaurant gemütlich essen, doch am Nebentisch sitzt eine größere Gruppe angeheiterter Menschen. In der albernen Stimmung produziert jede Bemerkung neue Lachsalven. Die Gruppe scheint gar nicht zu merken, dass sie andere stören könnte; die anderen Gäste im Lokal scheinen für sie nicht zu existieren, so sehr sind die lachenden Mitglieder der Gruppe aufeinander bezogen.

Lachen fügt Menschen zusammen und schafft ein mächtiges Wir-Gefühl. Die Pointen, über die man gemeinsam lacht, stellen eine Übereinstimmung in den Einstellungen und Sichtweisen unterschiedlicher Menschen her. Die gelöste und erheiterte Stimmung nimmt die Mitglieder einer Gruppe in eine gemeinsame atmosphärische Hülle hinein, in der mit zunehmender Heiterkeit das Wir wichtiger wird als der Einzelne.

Ganz ähnlich ergeht es Paaren: Im Lachen werden gemeinsame Einstellungen, Sichtweisen und Haltungen hervorgehoben, und beide Partner schwingen sich auf eine gleiche Wellenlänge ein. Das zeigt sich auch darin, dass das gemeinsame Lachen eines Paares rhythmisch synchron verläuft oder sich ineinander fügende Rhythmen aufweist. Im Lachen erlebt das Paar auf eine wohltuende Weise Zusammengehörigkeit, wie sie über Worte nur schwer herzustellen ist. Man könnte auch sagen: Das gemeinsame Lachen synchronisiert ein Paar und schafft damit die Erneuerung des Zusammengehörigkeitsgefühls, das nun wie das Lachen selbst wieder als etwas Entspannendes, Positives und Lustvolles erlebt wird. Eine solche zusammenführende Kraft des Lachens wird vom Paar zudem nicht als Zwang oder Druck erlebt – vielmehr geschieht das auf eine scheinbar leichte, spielerische Weise.

Dies erinnert viele Paare auch an die Anfangszeit, in der sie viel gelacht oder gekichert haben. Gerade das Kichern ist eine verheimlichte Form des Lachens, die aber zugleich nach außen deutlich zeigt: »Wir beide gehören zusammen, und worüber wir gerade lachen, das dürfen nur wir beide wissen.« Das gemeinsame Lachen knüpft an die leichte und heitere Zeit des Verliebtseins an, in der die Zusammengehörigkeit etwas nur Lustvolles und Erstrebenswertes war.

Lachen ist ein Aphrodisiakum – Lachen macht Lust

Wenn Witze erzählt werden, sind es häufig obszöne Witze. Sie erfreuen sich größter Beliebtheit, nicht nur bei Erwachsenen, sondern auch bei Kindern und Jugendlichen. Insbesondere in der Zeit der Pubertät sind Witze auch eine Möglichkeit, mehr über die Beziehung von Frau und Mann und Genaueres über die Sexualität zu erfahren. Die eigene Unsicherheit und Verlegenheit kann hinter den Witzen verborgen und dann im Lachen aufgelöst werden.

Werden solche Witze zwischen Jungen und Mädchen ausgetauscht, hat das Erzählen des Witzes eine sexuelle Bedeutung und ermöglicht eine spielerische sexuelle Annäherung, die jedoch sofort wieder abgebrochen werden kann, wenn es zu »heiß« wird.

Vergleichbares geschieht auch in der Kennenlernphase von Paaren: Erotisierende Zweideutigkeiten und Witzeleien erlauben es den Partnern, sich spielerisch weiter sexuell zu nähern; zugleich laden sie den anderen indirekt ein, weitere Schritte in der sexuellen Eroberung zu tun. In solchen spaßigen Bemerkungen wird vorweggenommen, was sich beide auf der realen sexuellen Ebene wünschen.

Zugleich wird in erotischen Witzen die trotz der so genannten sexuellen Revolution immer noch vorhandene Tabuisierung der Sexualität in Frage gestellt. Das Tabu steht dem Bedürfnis, sich offen mit Sexualität zu beschäftigen, entgegen. Diese Konfrontation von verdrängendem Tabu und sexuellem Lust- und Triebbedürfnis bewahrheitet sich in jedem Witz sexuellen Inhalts. Das Erzählen sexueller Inhalte regt zweideutige Phantasien beim Hörer an und ist als solches schon lustvoll. Das Tabu oder Verbot erhöht die energetische Spannung beim Erzählen des obszönen Witzes.

Die Auflösung hat bei obszönen Witzen mehrere Ebenen: Die vermutete Zweideutigkeit wird in einem überraschenden Dreh aufgeklärt, die sexuelle Handlung wird in der Phantasie sozusagen vollzogen, und drittens wird in der Regel im Witz ein Tabu gebrochen, ohne dass dies geahndet wird. Tabuverletzungen sind häufig an sich belustigend und lustvoll.

Im Witz wird also auf der erzählerischen und symbolischen Ebene Sexualität ausagiert. Was an Sexualität im eigenen Alltagsleben nicht erlaubt ist, kann im obszönen Witz verbal und in der Phantasie stattfinden! Das macht obszöne Witze so reiz- und lustvoll.

Doch nicht nur das Lachen über obszöne Witze, sondern beinahe jedes Lachen hat einen erotisierenden Aspekt. Das Lachen stimuliert mit seinen rhythmischen Zwerchfellbewegungen den tiefen Bauch- und Beckenraum. Heftiges Lachen gleicht in seiner Rhythmik und in den körperlichen Vorgängen dem Orgasmus, hat wie dieser lösende und befriedigende Wirkung. Wie der Orgasmus ist das Lachen ein spontanes, unwillkürliches Erleben, bei dem wir einen erlaubten und lustvollen Kontrollverlust erleben. Wie im Orgasmus ermöglicht der Kontrollverlust im Lachen, dass wir uns ganz öffnen und uns unverstellt zeigen. Wir könnten das Lachen auch als sozialen Orgasmus bezeichnen.

Wenn ein Paar miteinander lacht, entsteht zunächst ganz unbewusst eine Stimulierung, die eine sexuelle Anziehung anregt. Lachen ist also tatsächlich ein Potenzmittel für Paare – ein angenehmes dazu, das keine schädlichen Nebenwirkungen aufweist. Warum also sollten Paare dieses Aphrodisiakum nicht benutzen und lustvoll pflegen?

Anleitungen zum gemeinsamen Lachen

Auch das Lachen lässt sich nicht verordnen. Aber wir können unserem gemeinsamen Lachen Stoff und Nahrung geben. Geben Sie also dem Lachen und dem Humor in Ihrer Beziehung eine Chance!

- Suchen Sie in Ihren Fotoalben, Dias oder Videos nach Aufnahmen, die Sie oder Ihren Partner lachend zeigen. Worüber haben Sie damals gelacht? Was hat Sie damals zum Lachen gebracht?
- Erinnern Sie sich an komische und witzige Situationen, die Sie gemeinsam erlebt haben! Urlaubsreisen, Umzüge, gemeinsame Handwerksaktionen sind wahre Fundgruben. Auch Situationen mit Ihren Kindern, besonders deren Aussprüche halten Schätze des Humors bereit. Suchen Sie gemeinsam nach witzigen Erinnerungen!
- Spielen Sie wieder! Es gibt heute eine große Auswahl von anregenden Spielen. Im Spiel ergeben sich überraschende, witzige und lustige Situationen. Wenn Ihre Kinder noch nicht oder nicht mehr mitspielen, suchen Sie sich Freunde und Bekannte. Meiden Sie aber bierernste Gewinnspiele!
- Besuchen Sie gemeinsam Kabarettveranstaltungen, vergnügliche oder komödiantische Filme oder Theaterstücke. Das Angebot ist groß. Sie müssen nicht lange suchen, sondern vielleicht nur eine Blockade überwinden. Wenn Ihr Partner nicht sofort mitgehen will – begeistern Sie ihn. Und umgekehrt: Lassen Sie sich doch einmal auf solch einen Vorschlag Ihres Partners ein. Lassen Sie sich gemeinsam anstecken vom Humor anderer.

- Tun Sie wieder einmal etwas Verrücktes und Unsinniges! Erinnern Sie sich an die Zeit des Verliebtseins. Vielleicht lieben Sie sich wieder einmal im Gras einer Wiese, vielleicht schlagen Sie Purzelbäume oder kullern zusammen einen Hügel hinab, vielleicht klaut Ihr Partner wieder einmal Rosen für Sie. Vielleicht gelingt Ihnen einmal wieder das Überraschende, Spontane – anders als dem Paar in der Karikatur!

- Suchen Sie aktiv nach Nonsens, nach Widersinn, nach Absurdem, nach Witzigem in Ihrem Leben und erzählen Sie dies Ihrem Partner. Wer die Augen und Ohren offen hält, wird im Übermaß finden.

Witze werden überall erzählt – nehmen Sie sie auf und bringen Sie sie Ihrem Partner mit, so wie man ihm Blumen mit nach Hause bringt. Schenken Sie sich Witzbücher oder Karikaturen. Diese sind überall zu finden, in Illustrierten oder gesonderten Ausgaben. Karikaturisten haben Hochkonjunktur – Loriot, Papan, Uli Stein, Marie Marks, Franziska Becker und viele andere zeichnen mit spitzer Feder und intelligentem Wortwitz die absurden Seiten des Lebens. Andere mögen Comics oder Witzbücher vorziehen – Grenzen setzen hier nur der eigene Geschmack und der des Partners.

Über sich selbst lachen –
beste Medizin für die Partnerschaft

Ganz offensichtlich will dieser Mann seine Partnerin be-
strafen. Mit der Aktion gegen seine Frau sägt er nicht nur
die gemeinsame Beziehungsbasis ab, sondern stürzt auch
sich selbst ins Unglück.

Kennen Sie von sich ein ähnliches Verhalten, wenn Sie
mit Ihrem Partner im Clinch liegen? Entdecken Sie sich
vielleicht in diesem Mann selbst? Und können Sie dann
über diesen Mann und über sich selbst schmunzeln oder
grinsen?

Witze und Karikaturen, die uns zum Lachen über uns
selbst bringen, sind außerordentlich selten. Das müssen
dann schon sehr gute Witze sein, die uns zwar treffend
beschreiben, dies aber in einer Weise tun, die uns nicht
verletzt, sondern so, dass wir es auch noch schmunzelnd
annehmen können. Natürlich ist es sehr viel leichter, in
Witzen über andere zu lachen, kennen wir doch die
Freude über die Schwäche anderer von Kindesbeinen an,
ebenso wie die Freude über das Missgeschick anderer.
Die Schadenfreude scheint doch die schönste Freude zu
sein.

Auch wenn das Lachen über andere viel Lust bereitet,
so erbringt es doch keine Einsicht über uns selbst. Witze,
die uns über uns zum Lachen bringen, sind so selten, wie

die Fähigkeit, sich selbst zum Gegenstand des Humors zu machen und über sich zu lachen. In unserer Partnerschaft ist das noch ein wenig schwieriger, zeigen wir uns doch im Lachen über uns dem Partner mit unseren Schwächen und Makeln. Wir müssen befürchten, dass wir in der nächsten Auseinandersetzung genau diese wieder vorgehalten bekommen: eine schlechte Ausgangsposition für das Lachen über uns.

Und dennoch: Gerade dieser Humor ist für unsere Partnerschaft besonders wichtig, denn er kann
- auch schwerere Konflikte und Blockaden auf den Weg einer Lösung bringen.
- den Partner ohne Druck zum Lachen und Humor einladen.
- der Partnerschaft eine gewisse Leichtigkeit und Heiterkeit geben.
- das gemeinsame Paarleben spritzig und anregend machen.

Es lohnt sich also, das Lachen über sich selbst zu lernen. Es ist kennzeichnend, dass es für diese Fähigkeit kein eigenes Wort gibt. Sie soll im Folgenden der Kürze wegen als »Selbsthumor« bezeichnet werden.

Bitte Abstand bewahren!

Wer über sich lachen will, muss »drüber stehen«, nicht nur über den Dingen – nein, viel schwieriger – über sich selbst! Das ist leichter gesagt als getan. Meist sind wir in unserer Paarbeziehung ziemlich heftig verstrickt. Unsere

Gefühle sowohl der Zuneigung und Liebe als auch der Enttäuschung, des Ärgers oder der Eifersucht erlauben uns zunächst keine Distanzierung von uns selbst und unserer Beziehung. Immer scheint es um das Ganze zu gehen, um meine Person, um meine Bedürfnisse, meine Sehnsüchte und Wünsche, aber auch um meine Kränkungen und Verletzungen.

Aus solchen Gefühlen der Verstrickung werde ich um mich, um meine Anliegen und um meinen Schutz in der Partnerschaft kämpfen. Sicher nicht nur mit dem Wunsch, dass es allein mir in der Partnerschaft besser geht, sondern dass auch die Beziehung besser wird.

Allzu leicht übersehe ich aber dabei etwas, das für Beziehungen fundamental ist: Je mehr, je krampfhafter, je verbissener ich es gut machen will, umso schlimmer mache ich es. In der Regel spüren wir das durchaus, doch unser Trotz, unsere Verbitterung, aber auch unsere Ohnmacht und Verzweiflung lassen diese Einsicht nicht zu.

Folgende Fragen helfen Ihnen, einen ersten Abstand zu sich herzustellen:

- Wie bin ich in der Beziehung verstrickt? Welche Gefühle habe ich dabei?
- Wie kämpfe ich um meine Sichtweisen, meine Bedürfnisse, meine Position?
- Wie mache ich es meinem Partner schwer?
- Wie verhindere ich, dass wir als Paar Austausch und Nähe finden?
- Wie mache ich damit alles nur schlimmer?

Wenn ich mich so sehe, fällt mir vielleicht ein Bild für mein Verhalten in der Beziehung ein: Bin ich wie Don

Quichotte, der gegen Windmühlenflügel kämpft? Bin ich wie ein Insekt in einem Spinnennetz, das sich mehr und mehr verfängt? Bin ich wie ein Ringer oder Boxer, der den Partner wie einen Gegner und damit die Beziehung niedermacht? Bin ich wie eine Fliege, die immer wieder neu gegen die Fensterscheibe fliegt, um ins Freie zu kommen, obwohl daneben die Balkontür offen steht?

Diese Bilder, in denen ich mich sehen könnte, zeigen die Grundabsurdität jeder Beziehung: Wenn ich gegen den anderen kämpfe, kämpfe ich gegen die Beziehung und gegen mich, gegen meine eigentlichen Ziele, Wünsche und Bedürfnisse.

Was der Beziehung dagegen gut tut, ist

- das Loslassen meines »verbohrten« Kämpfens.
- der Abstand zu mir und zur Beziehung.
- das Aussteigen aus der Verstrickung.
- die Idee, dass ich und mein Kämpfen von außen betrachtet auch als absurd und »verrückt« erscheinen können.
- die Idee, dass ich alles auch ganz anders sehen könnte, nämlich etwa mit den Augen meines Partners oder eines wohlwollenden neutralen Eheberaters.

Den Raum für unseren Selbsthumor eröffnen wir, wenn wir uns aus der Distanz in unserer Verstrickung und in unserem Kampf anschauen. Dies muss liebevoll, mit einem nachsichtigen Stirnrunzeln, besser noch mit einem wohlwollenden Lächeln geschehen.

Meine Macken, meine Tricks

Ein zweiter Blick hilft Ihnen, sich noch ein wenig mehr von außen zu betrachten. Folgende unangenehme, aber heilsame Fragen bringen Sie weiter:

- Was sind meine Gewohnheiten, mit denen ich meinen Partner auf die Palme bringen kann?
- Was sind meine Strategien, mit denen ich meinen Partner »ausbremse« und blockiere?
- Was sind meine Macken, mit denen ich meinen Partner zur Weißglut bringen kann?
- Wie sabotiere ich das Bemühen meines Partners, wie sabotiere ich unsere Partnerschaft?
- Was sind meine Sensibilitäten und blinden Flecken, aus denen heraus ich »allergisch« reagiere?
- Was sind meine überhöhten Ansprüche, sodass es mir mein Partner nie recht machen kann und ich mit der Beziehung nie zufrieden bin?

Es gibt besonders wirkungsvolle Strategien und Macken, mit denen wir unsere Beziehung mit großer Sicherheit erschweren. Prüfen Sie einmal, welche dieser Strategien in Ihr Repertoire gehören:

- Wenn du Wünsche hast, schweige und warte, bis der andere sie dir von den Augen abliest!
- Wenn du unzufrieden bist, ziehe dich schmollend und beleidigt zurück oder explodiere und bekomme einen Anfall!
- Wenn du unzufrieden bist, mache Vorwürfe und Anklagen!

- Wenn es dir nicht gut geht, lade deine schlechte Laune und »miese« Stimmung auf deinen Partner ab!
- Wenn etwas in der Beziehung schlecht läuft oder schief geht, gib in jedem Fall dem anderen die Schuld!
- Wenn du Kritik äußerst, dann äußere sie pauschal und garniere die Kritik mit Worten wie »immer«, »nie« oder »jedes Mal«!
- Wenn du mit deinem Partner diskutierst, wisse immer alles besser und halte daran fest, dass dein Partner alles ganz falsch sieht und versteht. Beharre auf deiner Unfehlbarkeit!
- Achte peinlichst auf Ordnung! Deine Ordnung ist die einzig richtige! Nur deine Vorstellung von Sexualität, nur dein Umgang mit Geld und nur deine Einstellung zur Erziehung der Kinder sind richtig.
- Zeige deinem Partner, wie wichtig er ist, indem du alles vergisst, was er sagt, oder indem du immer zu spät kommst und Verabredungen und Vereinbarungen nicht einhältst.
- Zeige, wie sehr du deinen Partner magst, indem du ihn übersiehst, ihn wie Luft behandelst oder ihn immer wieder stehen lässt, wenn er etwas von dir will.

Diese Liste unserer Strategien ließe sich ins Unendliche verlängern. Lassen Sie sich von den hier genannten Möglichkeiten anregen, und machen Sie einmal Ihre eigene Liste.

Lassen Sie sich zu Ihrem Verhalten in der Beziehung spontan Bilder einfallen: Bin ich in meiner Beziehung wie der Elefant im Porzellanladen, wie der wutschnaubende cholerische Stier, wie die aufbrausende Madonna? Bin ich in der Beziehung der Bösewicht und Schurke oder der unschuldige Engel und das Unschuldslamm? Bin ich wie ein dräuendes Gewitter, wie ein ständig explodierendes Pulverfass oder wie das bedauernswerte Opfer und das Leiden in Person? Bin ich der Oberlehrer, der alles besser weiß? Bin ich die Mimose, die bei jeder Berührung zusammenzuckt? Bin ich die Schnecke, die sich gleich verkriecht? Bin ich der kleine dumme Junge, das kleine Mädchen, die »unabsichtlich« alles falsch machen?

Über mich lachen – wie geht das?

Schauen Sie sich nun Ihre destruktiven Verhaltensweisen an, nehmen Sie sich die Liste vor, oder führen Sie sich die Bilder vor Augen.

- Schauen Sie sich von außen mit Ihrem problematischen Verhalten an.
- Nehmen Sie ein Vergrößerungsglas, und lassen Sie sich mit Ihrem destruktiven Verhalten riesengroß werden. Lassen Sie Ihren Partner in diesem Bild dagegen klein werden.
- Zeichnen Sie das vor Ihrem inneren Auge nun als Karikatur, und schauen Sie diese Karikatur schmunzelnd an. Beachten Sie den Größenunterschied zwischen sich und Ihrem Partner. Sie sind in Ihrem destruktiven Verhalten groß wie ein Riese, der andere klein wie ein Zwerg. Sie sind wie ein Dinosaurier, der andere wie ein kleines Insekt.
- Geben Sie nun dieser Karikatur Bewegung, und lassen Sie daraus einen Film entstehen. Sehen Sie sich, wie Sie als Riese oder Dinosaurier agieren.
- Lassen Sie dann diesen Film rückwärts laufen, und nun

in hoher Ablaufgeschwindigkeit wieder vorwärts. Sie kennen das von Zeichentrickfilmen!

- Schauen Sie diesen Film liebevoll, bequem im imaginären Kinosessel an, und amüsieren Sie sich über den übergroßen und überzeichneten Hauptdarsteller des Films.

Wichtig! Schauen Sie sich in diesem Film mit liebevollen Augen an. Machen Sie sich bewusst, dass hinter der groß aufgeblähten und überzeichneten Person ein Kind steckt, das in der Partnerschaft um seine Bedürfnisse kämpft – aber eben mit »kindlichen«, also nicht erwachsenen Mitteln und Strategien. Meist ist dieses Kind auch verletzt und gekränkt, sodass es seinen kindlichen Kampf oft auf Grund dieser Verletzungen führt.

Die Diskrepanz zwischen den »kindlichen« Kampfmethoden und Ihnen als erwachsener Person darf zum Schmunzeln und Lachen anregen, aber nicht zur Abwertung der Kindbedürfnisse führen! Wir dürfen das Kind in uns nicht auslachen, vielmehr müssen wir seine Anliegen, die es in der Beziehung erfüllt haben will, wahrnehmen und sehen.

Wenn wir uns selbst humorvoll aus der Distanz in unserem Clinch in der Paarbeziehung sehen, können wir den nächsten Schritt tun.

Wir machen nun in der direkten Kommunikation mit unserem Partner uns selbst und unser Verhalten zum Gegenstand des Lachens. Wenn wir uns unserer destruktiven Verhaltensweisen und belastenden Defizite bewusst werden, können wir diese

- selbstironisch benennen:

  Als die Partnerin ihn in einer Diskussion wieder einmal belehrt und ihr das auffällt, hält sie einen Moment inne, grinst ihn an und sagt: »Na gut, jetzt bin ich wohl wieder die Oberlehrerin?«

- übertreiben und parodieren:

  Als er seine Schuldzuweisungen wiederholt und sie sich wehrt, wird ihm das bewusst. Er sagt mit übertriebener Stimme, in der Pose eines Richters: »Ich erkläre Sie hiermit für schuldig für alles, was unter dem Dach dieses Hauses geschieht!« Schmunzelnd schließt er an: »Ich brauche doch immer eine Schuldige. Und es ist dein Pech, dass du immer da bist.«

- in Mimik und Gestik theatralisch zeigen:

  Als er bemerkt, dass er mit seiner Passivität seine Partnerin ausbremst, als diese eine Unternehmung vorschlägt, lässt er übertrieben seine Schulter und seinen Kopf fallen und sagt: »Ich mit meiner ewigen Depression.«

- in einer Situationskomik »verpacken«:

  Das Paar streitet beim Ausräumen des Geschirrspülers. Ihr fällt ein Messer zu Boden. »Jetzt werfe ich schon mit Messern nach dir. So eine Wut habe ich.« Er stutzt einen Moment, lacht und sagt: »Eigentlich mag ich dich, wenn du so richtig wütend bist.«

- untertreibend in der Kindposition spielen:

  Als er ihr den Wunsch, ins Kino zu gehen, abschlägt, spürt sie in sich eine Tendenz, beleidigt zu sein. Mit trauriger Miene, großen Augen und dünner Stimme sagt sie: »Dann bin ich aber fünf Tage mit dir beleidigt.« Er lacht und sagt: »Wenn es dir Spaß macht, dann kann ich dich davon nicht abhalten.«

Nicht mehr tierisch ernst – sondern gelassen!

Nichts wirkt in einer Partnerschaft so lösend, ja erlösend, wie der »Selbsthumor« und das Lachen über sich selbst.

Das Lachen über sich selbst verschafft eine zusätzliche Distanz zur Verstrickung mit dem anderen. Die eigenen Gefühle von Enttäuschung, Ärgerlichkeit, Unzufriedenheit oder Aggressivität lösen sich im Lachen auf. Die Energie, die in diesen Gefühlen gebunden und blockiert ist, wird im Lachen von ihren Fesseln befreit. Sie ist nun nicht mehr unterschwellig und verdeckt gegen den anderen und die Beziehung gerichtet, sondern ist wieder frei verfügbar. Was vorher für mich »tierisch« ernst und wichtig war, fühlt sich nun leichter an.

Zugleich signalisiere ich dem Partner, dass ich mich und meine Position nicht mehr so ernst nehme. Im selbstironischen Lachen relativiere ich mich, meine destruktiven Verhaltensweisen und meine Position.

Damit sage ich dem anderen: »Schau her, ich nehme mich nicht so ernst, wie es zunächst aussieht. Es ist nicht so gemeint.« Damit verbunden ist eine Aufforderung an den anderen: »Nimm das, worum und wie ich kämpfe, nicht so ernst.«

Das Lachen über sich selbst nimmt auch die gegen den anderen gerichtete Aggression heraus und signalisiert: »Es ist nicht so gemeint. Es ist eigentlich nicht gegen dich gerichtet, sondern es ist meine Schwäche und mein Defizit.«

Mit dieser Botschaft steigt der Lachende aus dem Clinch aus und übernimmt für sein destruktives Verhalten oder seine ungerechtfertigten Motive die Verantwortung. Bildlich gesprochen richtet er den Zeigefinger nicht mehr auf den anderen, sondern auf sich selbst. Und er sagt damit: »Ich muss bei mir beginnen – und wir können gemeinsam darüber reden.« Dies ist die beste Ausgangssituation für ein klärendes Paargespräch, weil das Paar nun nicht mehr im Clinch von Vorwurf und Gegenvorwurf, von Strategie und Abwehrstrategie gefangen ist. Der Betroffene kann die Destruktivität seiner Verhaltensmuster benennen, sie ein Stück zurücknehmen und die dahinter liegenden Wünsche spüren.

Er kann nun – und das ist ein weiterer wichtiger Schritt in der Konfliktlösung – seine Bedürfnisse und Wünsche offen ausdrücken. Weil diese nicht mehr destruktiv und latent aggressiv geäußert werden, kann sie nun der andere Partner besser verstehen, ihm vielleicht sogar zugestehen. In einem letzten Schritt sollte das Paar gemeinsam überlegen, wie die zur Sprache gekommenen Bedürfnisse und Wünsche besser in der Beziehung gelebt und erfüllt werden können.

Noch ein Weiteres – und darin liegt vermutlich das Geheimnis des Selbsthumors – wird signalisiert: »Du kannst über mich und meine Schwächen lachen. Ich lade dich dazu ausdrücklich ein.«

Der über sich selbst Lachende stellt sich für Augenblicke »unter« den anderen, zeigt sich angreifbar und verletzlich. Zugleich aber sagt er damit auch: »Ich vertraue dir, dass du dies nicht ausnutzt oder unfair gegen mich verwendest.« Eine solche Einladung kann der Partner wohl kaum ausschlagen, es sei denn, er wäre seinerseits massiv in seiner Aggressivität und Destruktivität gefangen.

Doch abgesehen davon, dass Lachen ansteckend ist,

wird der andere in der Regel die scheinbare Schwäche nicht unfair nutzen, nicht zuletzt, weil er genau spürt, dass der Partner mit seinem Selbsthumor nicht nur Verletzlichkeit und Vertrauen, sondern auch Souveränität zeigt. Dies wiederum ist eine nicht aggressive, sondern wohltuende Stärke. Durch sie kommt Klarheit in die Beziehung, die von beiden als erleichternd und befreiend erlebt wird.

Wir lachen über uns –
Absurditäten einer Paarbeziehung

Können Sie sich als Paar schmunzelnd anschauen, wenn Sie zum Beispiel im Clinch miteinander liegen oder wenn Sie beide »dicke Luft« in Ihrer Beziehung inszenieren?

Vermutlich wird Ihnen das schwer fallen. Die Kunst, zusammen über sich als Paar zu lachen, setzt einen gemeinsamen und doch distanzierten Blick auf die Partnerschaft und ihre besonderen, bisweilen komischen Eigenheiten voraus. Auch dieser Blick und die gelassene Distanz zu der eigenen Beziehung wollen eingeübt werden.

Ein erster Schritt dazu ist der – zugegebenermaßen etwas schadenfrohe – Blick auf andere Paare in Witzen. Allerdings gibt es wenige Partnerschaftswitze, in denen nicht der Mann oder die Frau meist massiv abwertend aufs Korn genommen werden, sondern in denen die oft absurden Eigenheiten von Paarbeziehungen deutlich werden.

> Der Ehemann kommt von der Arbeit nach Hause und sagt: »Guten Abend.« Und hockt sich vor den Fernseher. Die Ehefrau enttäuscht: »Warum gibst du mir keinen Begrüßungskuss, wenn du nach Hause kommst?« Er ist irritiert: »Was, zwei Jahre verheiratet, und dann solche Orgien?«

Zwar erscheint in diesem Witz zunächst der Mann als der »Übeltäter«, doch beschreibt der Witz eine Grunderfahrung von vielen Paaren. Nach der Verliebtheitsphase kühlt die Leidenschaft merklich ab. Zärtlichkeiten werden im Alltag seltener; sie werden oft nur ausgetauscht, wenn das Paar miteinander schlafen will. Der Witz greift diese Enttäuschung, mit der alle Paare mehr oder weniger zurecht kommen müssen, auf. Das Schmunzeln über diesen Witz kann allerdings die Enttäuschung nicht gänzlich auflösen, aber vielleicht hilft der Witz, einen Teil der nötigen Enttäuschung zu sehen und zu akzeptieren. Er kann aber auch ein kritischer Spiegel für Paare sein, wieder bewusster die gegenseitige Zuneigung und Zärtlichkeit zu pflegen.

Dieselbe Thematik »übertreibt« die Karikatur von P. Gaymann.

Was bei diesem Paar zunächst betrüblich und deprimierend aussieht, wird in der Überzeichnung absurd: Das Paar scheint in einer depressiven Grundstruktur gefangen zu sein. Jeder zieht den anderen weiter in die depressive Stimmung hinein. Zugleich wird karikierend die Sprachlosigkeit des Paares – ein häufiges Thema in Paarwitzen! – aufgespießt. Die Hoffnung des Mannes, dass der Frühling etwas an dieser Situation ändert, wirkt angesichts der massiven Tristesse grotesk. Wie kann er nur auf diese seltsame Idee kommen? Das Lächeln beim Betrachter löst die niederschlagende Wirkung der Karikatur auf und hinterlässt beim Betrachter neben der Erleichterung vielleicht auch einen Funken Hoffnung für das Paar, zumal Lachen die Stimmung hebt und den Lacher optimistischer in die Welt schauen lässt.

Ich freue mich jetzt schon wieder
auf den Frühling – wenn man so
richtig Lust aufeinander kriegt!

Nach dem Streit spricht das Ehepaar schon drei Tage nicht mehr miteinander. Am vierten Tag findet sie einen Zettel, auf dem steht: »Morgen um sieben Uhr wecken!« Am nächsten Tag wird er um halb zehn wach und sieht einen Zettel auf seinem Nachttisch: »Sieben Uhr! Aufstehen!«

Dieser Witz bringt ein häufiges Streitmuster von Paaren auf den Punkt. Hier ist die – schon länger währende – Sprachlosigkeit Ausgangspunkt der Entwicklung. Das Paar findet keinen Ausweg aus seiner Kommunikationsblockade. Diese wird mit anderen Mitteln, nämlich mit Zetteln fortgesetzt. Dabei wird deutlich, dass dahinter vermutlich ein massiver Machtkampf der Partner steckt: Wer gibt nach und beginnt, wieder mit dem anderen zu sprechen?

Den Wunsch des Mannes, dass sie ihn am anderen Morgen wecken solle, drückt er wortlos als Befehl aus. Das wiederum verstärkt bei ihr den schon vorhandenen Widerstand. Zugleich nimmt die Frau ihren Mann ganz ernst: Wie er antwortet sie auf der gleichen Kommunikationsebene der Zettelsprache. Das ist die erste, versteckte Pointe des Witzes und sichert ihr beim Hörer des Witzes unbemerkt seine Zustimmung.

Mit ihrer schriftlichen Antwort läuft er mit seinem Befehl ins Leere und wird von ihr für seine Vorgehensweise sozusagen bestraft. Ihre Botschaft erreicht ihn zu spät. Man geht wohl nicht zu weit, wenn man in ihrem Verhalten auch den Wunsch nach Rache spürt.

Der Witz spielt mit den verschiedenen sprachlichen und nichtsprachlichen Ebenen der Kommunikationsblockade. Die Spannung, die im Konflikt des Paares liegt und die sich durch die Reibung der unterschiedlichen Ebenen aufbaut, wird dadurch aufgelöst, dass die Frau den problematischen Punkt der Kommunikation trifft. Sie erscheint als intelligente Siegerin des Machtkampfes. Ob allerdings die Paarbeziehung als »Gewinnerin« aus dem Clinch hervorgeht, bleibt im Witz offen und muss eher bezweifelt werden. Der Witz zeigt doch auch indirekt, dass diese Form der Kommunikation destruktiv ist.

Auch in der folgenden Karikatur wird die Sprachlosigkeit zwischen Paaren aufgegriffen und wird ein wichtiger Hintergrund für die so häufig vorkommende Paarproblematik aufgedeckt: Die Frauen wünschen sich von ihren Männern mehr Gespräch und Kommunikation; die Männer brauchen dies dagegen scheinbar viel weniger oder fühlen sich hilflos, wenn sie in der Partnerschaft über sich, ihre Gefühle und die Beziehung reden sollen.

Der Blick auf die Paare dieser Witze und Karikaturen zeigt uns also destruktive Kommunikationsmuster und Verstrickungen, an denen beide gleichermaßen beteiligt und in denen sie gefangen sind. Im Nacherleben des Witzes können wir uns dabei selbst entdecken und die in den destruktiven Mustern enthaltenen Gefühle von Enttäuschung, Ärgerlichkeit und Aggression spüren, zumal wir sie aus der eigenen Paarbeziehung sehr gut kennen.

Aus der Distanz des Witzehörers fällt es uns leicht, über die Absurditäten zu lachen. Allerdings mag uns – falls wir ähnlich betroffen sind – das Lachen im Hals stecken bleiben. Erst beim zweiten Hinschauen können wir dann doch unser Lachen zulassen.

Einfach lächerlich –
Katastrophen filmreif inszeniert!

Jedes Paar inszeniert seine Leidenschaften, seine Liebe, seinen Sex, seinen Alltag. Und dies nach allen Regeln der Filmkunst und des Theaters. Es stellt sich nur die Frage, ob das eine lustvolle Liebesromanze ist, eine Komödie, eine ganz banale Alltagsgeschichte oder gar eine Tragödie. Ganz normal wäre eine bunte Mischung zwischen den verschiedenen Genres des Filmes und des Theaters. Eine Paarbeziehung bleibt jedenfalls lebendig, wenn das Paar in einer solchen Mischung lebt. Ein Paar hat eine gute Chance, lange zusammen zu bleiben, wenn es bewusst aus einer heftigen, oft auch destruktiven Inszenierung aussteigen und in einen ganz anderen Film einsteigen kann. Diesen Szenenwechsel kann der Humor auf eine leichte Weise bewerkstelligen. Er wirkt wie eine veränderte Kameraeinstellung, die die Perspektive total verschiebt.

Was nun sind die Zutaten für eine Katastropheninszenierung eines Paares? Welche unausgesprochenen Inszenierungsregeln hat ein Paar etwa, wenn es in ein lähmendes Schweigen geraten ist, wenn es im Clinch um die Sexualität liegt oder in einer ärgerlichen Aggression gegeneinander gefangen ist?

- Zündfunke genügt!
  Es genügt wie bei Schauspielern ein Stichwort oder ein kleiner Auslöser, der die Katastrophe heraufbeschwört. Der Anlass ist – wie viele Paare beschreiben – in der Tat lächerlich und lohnt nicht den Kampf, der

nun entbrennt. Paare, die im Dauerclinch gefangen sind, suchen geradezu immer wieder neue Auslöser, um ihr Verhalten zu rechtfertigen.

- Unvermeidlich! Unausweichlich!
Was nun geschieht, scheint dem Paar unvermeidlich zu sein. Es fühlt sich wie in einen mächtigen Sog hineingezogen. Das Paar sitzt in einem Zug, der auf einem festen Gleis losfährt – Aussteigen strengstens verboten! Eine Notbremse scheint es nicht zu geben.

- Immer das Gleiche!
Paare wissen oder ahnen zumindest, wenn sie in ihr destruktives Muster geraten sind. Sie haben das Gefühl »Immer das Gleiche« und kennen schon den Ablauf des Spiels. Dies Spiel ist ein sehr ernstes Spiel und gleicht Gesellschafts- oder Brettspielen darin, dass es festgeschriebene Grundregeln hat, dass es bekannte Spielzüge und eine bekannte Eröffnung und Beendigung des Spiels gibt.

- Streit um des Kaisers Bart!
Paare wissen, dass es in ihrem Kampf und in ihrer Verstrickung eigentlich um etwas anderes geht (vgl. Kapitel 1). Aber sie schaffen es meist nicht, auf die – oft verdeckte – Beziehungsebene zu sprechen zu kommen.

- Ausufern und begrabene Hunde
Was sich an einem sachlichen Thema (Inhaltsebene, vgl. Kapitel 1) entzündet hat, weitet sich wie ein Flächenbrand aus: Das Paar gerät von einem ungelösten Problem zum anderen. Jeder sucht weitere Argumente (auch aus anderen Problembereichen), um seine Position zu verteidigen. Sehr wirkungsvoll sind etwa »alte begrabene Hunde«, die dem Partner wieder vorgehalten werden.

- Treffer unter die Gürtellinie
  Jeder Partner weiß, wo und wie er den anderen treffen kann. Jeder sucht nach weiteren Vorwürfen und Anschuldigungen, die den anderen an seinen verletzlichen Stellen treffen.
- Mehr desselben! Eskalation inklusive
  Jeder versucht, seine Erfolg versprechenden Argumente und Kampfmethoden (vgl. Kapitel 5) noch mehr und besser gegen den anderen zu nutzen – der andere tut in der Regel dasselbe. Beide spornen sich zu Höchstleistungen an! Das Fortschreiten des Kampfes bis zur Zuspitzung ist garantiert.
- Am Ende geht es beiden schlecht!
  Meist wissen beide Partner schon zu Beginn des Spiels, mit welchem Ergebnis und welchen Gefühlen das Spiel endet, zum Beispiel mit mehr Enttäuschung, mit mehr Aggressivität, mit mehr Schuldgefühlen usw.
  So fühlen sich am Ende beide schlecht. Selbst der scheinbare Gewinner, der sich mit seiner Meinung durchsetzt, wird meist ein unangenehmes Gefühl (etwa Schuldgefühle) zurückbehalten.
- Verlierer ist die Partnerschaft
  Wie bei jedem ernsthaften Spiel geht es auch hier um Gewinner und Verlierer. Doch im Unterschied zu üblichen Spielen gibt es einen eigentlichen Verlierer: die gemeinsame Basis, die emotionale Nähe, kurz die Liebe des Paares!

Aus dem Abstand betrachtet und genau besehen, wirkt jeder dieser Punkte grotesk und bietet Stoff für viele Partnerschaftswitze. Grotesk erscheinen etwa die Differenz zwischen dem kleinen Auslöser eines Kampfes und dessen Heftigkeit oder der unerbittliche Clinch über offensichtlich oberflächliche Themen. Tragikomisch wirken auch der Ausgang eines Clinches oder das Ergebnis einer Verstrickung, die beide Partner eigentlich vermeiden wollen und dennoch geradezu zielstrebig herbeiführen.

Wie sieht nun der Stoff aus, aus dem Ihre Partnerschaftsalpträume sind?

Nehmen Sie sich Zeit und besprechen Sie gemeinsam die folgenden Fragen. Sie werden eine Stoffsammlung erhalten, die Ihnen die Ingredienzien Ihrer Inszenierungen bietet.

- Wie beginnen unsere Kämpfe und Katastrophen?
- Auf welcher Bühne finden sie statt? Welche Kulissen sind zu sehen: Ist es das Schlafzimmer, die Küche, das Wohnzimmer?
- Welche Zuschauer brauchen wir dabei? Häufig sind es die Kinder oder die eigenen Eltern; oft sind es auch imaginäre Zuschauer und Unterstützer, die im Hirn der beiden Clinchpartner mitmachen und die »Kampfhähne« anfeuern.
- Was sind die Themen unserer Katastrophen? Ist es das Geld, der Sex, die Erziehung der Kinder oder die Aufteilung der Arbeiten im Haushalt?
- Haben Sie eine Idee, worum Sie als Paar eigentlich kämpfen?
- Was ist das Krisenergebnis: Wo geht es uns schlechter als vorher, was ist aber auch der heimliche Triumph? Wer ist der – scheinbare – Gewinner und Verlierer?
- Was machen wir hier eigentlich miteinander? Muss das so sein?

Wenn Sie nun Ihre Antworten gemeinsam anschauen, werden Sie vielleicht schon ein regelmäßiges Muster, ein bestimmtes Thema und vielleicht auch bisher verdeckte Motive wahrnehmen.

Dies wird noch deutlicher, wenn Sie im Folgenden die typischen Paarspiele betrachten. Sie werden sich in dem ein oder anderen Spieltyp sicherlich wiedererkennen oder zumindest an eigene Muster und Themen erinnert werden.

Beliebte Paarspiele – Partnerschaftskatastrophen leicht gemacht!

Viele Paarspiele sind für Partnerschaften typisch. Sie lassen sich bei vielen Paaren beobachten. Aus der Distanz gesehen, bemerken wir schnell die häufig vorkommenden Muster und Themen. Wenn wir sie bei anderen Paaren entdecken, haben wir ein Aha-Erlebnis und können sehr wahrscheinlich schmunzeln.

Loriot zeigt in seinem »Feierabend« ein klassisches Beispiel für ein typisches Paarspiel, das so oder ganz ähnlich in vielen Partnerschaften immer wieder abläuft:

Er sitzt abends nach anstrengender Arbeit müde und erschöpft im Sessel. Die Augen halb geschlossen, träumt er vor sich hin. Sie arbeitet heftig und geräuschvoll in der Küche. Es dauert nicht lange, dann kommt von dort die bohrende Frage, was er wohl mache. Wahrheitsgemäß, aber etwas unwillig antwortet er: »Nichts!«

Diese Antwort scheint nicht auf Gegenliebe zu stoßen.

Prompt kommt von ihr der Vorschlag, dass er doch wieder einmal spazieren gehen könne, schließlich würde ihm das sehr gut tun. Dankend lehnt er ab – er will an seinem Feierabend doch nur da sitzen und entspannen. Sie aber lässt nicht locker und bietet ihm an, den Mantel zu bringen. Doch auch dieses großzügige Angebot verlockt ihn nicht, das Haus zu verlassen. Gereizt und von der Küchenarbeit wohl auch entnervt, wirft sie ihm vor, dass er sie zum Wahnsinn treibe. Er könne doch – das der neue Vorschlag – wenigstens eine Illustrierte lesen, die sie ihm selbstverständlich bringen würde.

»Nein, danke«, ist nun seine ärgerliche Antwort. Dann verfällt er in ein brütendes Schweigen. Die zunehmend aggressiven Rufe seiner Frau scheint er nicht mehr zu hören. Als sie ihm Taubheit vorwirft, lässt er sich doch zu einer wütenden Antwort hinreißen.

Sie kontert: »Sei doch nicht gleich so aggressiv.« Natürlich ist er überhaupt nicht aggressiv. Sie erneut voller Zorn: »Warum schreist du mich dann so an?« Er brüllt zurück, dass er doch gar nicht schreie.

Hier entsteht ein Clinch gewissermaßen aus dem Nichts. *Er* will nur seine Ruhe, *sie* kann ihm diese offensichtlich nicht zugestehen. *Sie* bedrängt ihn mit gutgemeinten Vorschlägen, *er* dagegen wehrt sich. Und je stärker *sie* auf ihn eindringt, umso mehr beharrt *er* auf seinem Wunsch, der ihm vermutlich zunächst so wichtig nicht war. Der Prozess eskaliert bis zu massiver Aggressivität. Beide sind aggressiv gegen den anderen und – das ist die letzte Pointe – leugnen dies auf aggressive Weise.

In diesem klassischen Beispiel sind mehrere Paarspiele zu entdecken. Sie haben folgende Überschriften:

Position der Frau	Position des Mannes
Ich weiß, was für dich gut ist.	– Ich weiß es doch selbst.
	Oder:
	– Ich weiß es nicht, aber ich lasse es mir nicht von dir sagen.
Ich dringe in dich ein.	– Ich blocke dich ab.
Mach, was ich dir sage.	– Nein, ich mache nicht, was du sagst.

Es wird deutlich, dass die Frau sich gegenüber dem Mann eindringend und übergriffig verhält. Dahinter steht bei ihr wohl eine Überfürsorglichkeit, die scheinbar nur das Beste für den Mann will. Sicher braucht sie aber die Fürsorglichkeit für ihr eigenes Selbstwertgefühl. Der Mann dagegen steckt in einer Passivität, in der er wohl oft die Fürsorglichkeit seiner Frau in Anspruch genommen hat und sie immer wieder in ihrer Fürsorglichkeit provoziert. Wird ihm aber ihre Fürsorglichkeit zu massiv oder kommt sie ihm ungelegen, lässt er sie mit seiner ganzen Passivität auflaufen.

Das Ergebnis und die zurückbleibenden Gefühle sind für dieses Spiel ebenfalls kennzeichnend. *Sie* ist beleidigt, weil sie es mit ihm doch nur gut gemeint hat. Zugleich aber hat sie das Gefühl, dass sie doch weiß, was für ihn gut ist, sonst wäre er nicht so unleidig und aggressiv geworden.

Er dagegen fühlt sich bedrängt, eingeengt und deshalb zu Recht wütend. *Er* kann ärgerlich bleiben mit dem Eindruck, dass sie ihn nie in Ruhe lässt und er deshalb ein armer, abhängiger Ehemann ist.

Im Folgenden werden weitere solcher typischen Paarspiele aufgeführt, die hinter Eskalationen stehen, wie es das Paar von Loriot soeben vorführte.

Die Position A ist dabei jeweils die aktive, die fordernde und agierende Seite, während B die reagierende Seite ist, die entweder eine abwehrende und blockierende Position oder eine sich anpassende und passive Rolle übernehmen kann.

Allerdings kann der Beginn des Spiels auch von B ausgehen, indem B den Partner beispielsweise durch seine passive oder blockierende Haltung provoziert. Ebenso sind beide Partner in ihrer jeweiligen Rolle zugleich und gleichermaßen mit ihren jeweils spezifischen Spielzügen an der Eskalation des Spiels beteiligt. Natürlich können beide Positionen von Frau und Mann eingenommen werden. Bezogen auf ein Spiel sind die Rollen allerdings festgelegt. Spielt ein Paar mehrere Spiele – also wahre Spielekünstler! – kann etwa der Mann in einem Spiel die Position A, in einem anderen Spiel die Position B einnehmen.

Position A	Position B
Ich muss alles übernehmen und alleine machen.	– Ich würde ja gern etwas übernehmen, aber du lässt mich nicht.
	Oder:
	– Das ist doch deine Sache. Es geht mich nichts an.
Ich will x mehr, häufiger oder besser von dir. (X ist häufig Sex, Reden, Nähe u.a.)	– Ich will x weniger, weil ich es nicht mag oder brauche.
	Oder:
	– Ich will es versuchen, aber ich kann es nicht.
Ich gebe erst dann x, wenn du y gibst.	– Ich gebe aber erst y, wenn du x gibst.
(Y ist ebenfalls häufig Sex, Reden, Nähe u.ä.)	

94

Ich komme zu kurz.	– Ich gebe und tue doch alles für dich.
	Oder:
	– So sehr ich mich anstrenge, du bist nie zufrieden.
Ich weiß oder kann x besser als du.	– Nein, ich weiß oder kann es besser!
Du bist schuld.	– Nein, du bist schuld.
	Oder:
	– Ja, was soll ich nur machen.
Ohne dich kann ich nicht leben! Sei nur für mich da!	– Ich bin ganz für dich da und opfere mich für dich auf.
	Oder:
	– Ich will nicht mehr nur für dich da sein.

Spiele, die massiv und destruktiv sind, sind in der Regel weder durch Humor noch durch Gespräche des Paares zu lösen. Hier ist professionelle Hilfe von außen nötig, weil die Verstrickung und die darunter liegenden Verletzungen bzw. die Infragestellung eines Partners so schwerwiegend sind, dass das Paar alleine kaum mehr einen Weg aus der Verstrickung finden wird.

Solche Spiele heißen häufig:

Position A	Position B
Du liebst mich nicht.	– Doch, ich strenge mich sehr an, dich zu lieben.
Andere sind besser/schöner/ attraktiver als du.	– Nein, ich beweise dir, dass ich der/die Richtige für dich bin.
	Oder:
	– Du hast vielleicht Recht, aber liebe mich bitte dennoch!
Wenn du nicht wärst, ginge es mir besser.	– Nein, ich mache dich nicht unglücklich!

	Oder:
	– Es tut mir Leid, wenn ich dich unglücklich mache. Was soll ich tun?
Du bist/warst noch nie der/die Richtige für mich.	– Doch ich bin es, sonst wärst du doch nicht so lange bei mir geblieben.
	Oder:
	– Das ist furchtbar, aber ich liebe dich weiterhin.

Gehen Sie diese Liste der häufigsten Paarspiele durch und überlegen Sie:

- Welches dieser Spiele spielen wir?
- Was ist das konkrete Thema? Ist es der Haushalt, die Erziehung der Kinder, der Sex, das Geld oder etwas ganz anderes?
- Welche Positionen haben wir beide inne?
- Welche Standardargumente hat jeder von uns?
- Wie sehen die Eskalation und das Endergebnis aus?
- Welche – unbewussten – Motive könnten hinter unserem Spiel stehen?

Alle Paarspiele – die weniger und die schwer destruktiven – zeichnen sich dadurch aus, dass jeder der beiden Partner zugleich Opfer und Täter, »Schurke« und »Guter«, Schuldiger und Unschuldiger ist. Jeder hat freilich die Meinung, dass er allein auf der guten Seite steht.

Genau das ist der Stoff, aus dem einerseits Tragödien, andererseits Komödien gemacht sind.

Der Humor kann Paaren helfen, die komischen Seiten dieser Paarspiele zu entdecken.

Wir lachen über uns – Wie geht das? Oder: Spielerisch mit unseren Paarspielen umgehen!

> Ein junges Ehepaar, das sich sehr oft streitet, geht in ein Restaurant. Plötzlich lässt der Kellner das Tablett mit dem Geschirr fallen und die Scherben klirren. »Hör mal«, meint der Gatte, »sie spielen unser Lied!«

Nehmen wir einmal an, dass beide über seinen Witz lachen können, dann ist das ein gelungenes Beispiel, wie ein Paar sich selbst in seinem destruktiven Muster humorvoll betrachten kann.

Der Mann nimmt ein externes Ereignis – hier das Klirren der Scherben – als Bild und Spiegel für das häufige Streiten des Paares auf. Er verwendet das Bild nicht gegen seine Frau, sondern als Spiegel für beide. Damit setzt er sich in das gemeinsame Boot der Partnerschaft, das im Witz kritisch beleuchtet wird.

Das Paar hat nun die Chance, aus dem Abstand, der durch den Witz hergestellt wird, auf die eigene Paarbeziehung und die destruktiven Muster zu schauen.

Eine alte Szene – bewusst inszeniert!

Nehmen Sie die Fragen zu Ihren eigenen Paarspielen aus den beiden vorigen Abschnitten auf, und einigen Sie sich auf ein typisches Muster, das Sie als Paar miteinander inszenieren. Meist werden das ein Streit, eine Szene mit ungutem Ausgang oder eine typische »Paarkatastrophe« sein. Stellen Sie sich eine konkrete Erfahrung vor, die Sie vor zwei bis drei Jahren erlebt haben. Einigen Sie sich mit Ihrem Partner, ob Sie beide auf diese vergangene Szene mit Abstand zurückblicken können. Sollten bei einem von Ihnen schnell massive Emotionen aufbrechen, eignet sich diese Szene nicht für die folgende Übung.

- Jeder Partner stelle sich nun diese Szene so vor, als sähe er sie im Kino oder im Fernsehen, etwa als einen Abschnitt aus einem Woody-Allen- oder einem Loriot-Film. Jeder Partner schließt die Augen und stellt sich vor, dass er bequem in einem Kinosessel sitzt. Vorn auf der großen Kinoleinwand läuft jetzt die vereinbarte Szene ab.
- Erzählen Sie sie Ihrem Partner so, als wollten Sie ihm eine Filmszene erzählen, die Sie vor ein paar Tagen gesehen hatten.
  Beginnen Sie die Nacherzählung des Filmes in der Form »Da war ein Paar ...« oder »Da waren ein Mann und eine Frau, die saßen am Frühstückstisch ...«
  Versuchen Sie beim Erzählen, die Muster, das wechselseitige Eskalieren oder Blockieren und den Ausgang dieser Filmszene zugespitzt und pointiert zu erzählen.
- Lassen Sie nun den Film ein zweites Mal sehr schnell auf Ihrer imaginären Leinwand ablaufen und geben Sie dabei dem Mann und der Frau hohe, schrille Stimmen. Schauen Sie auf die rasant grimassierende Mimik, auf die fahrigen Gesten der Hände und Arme. Dann lassen Sie den Film in hohem Tempo zurücklaufen.
- Erzählen Sie jetzt Ihrem Partner den Schnelllauf der Szene, indem Sie die Gestik, Mimik und Stimmlage der beiden Filmpartner nachahmen. Sie werden schnell in ein kleines, witziges Rollenspiel geraten, das nicht nur

Ihnen beim Spielen, sondern – hoffentlich – auch Ihrem Partner beim Betrachten Spaß macht.

Wenn nun der andere Partner nacherzählt, wird dieser versuchen, die Szene noch ein wenig pointierter und ausdrucksvoller nachzuahmen.

- Versuchen Sie nun, die Szene als kleines Theaterstück zu spielen, und – das ist wichtig – wechseln Sie dabei die Rollen. Gehen Sie als Mann in die Position Ihrer Frau, als Frau in die Rolle Ihres Mannes. Überlegen Sie vorher, welche Regieanweisungen nötig sind, welche Stichworte fallen müssen, welcher Ton und welche Gestik nötig sind, damit eine komödiantische Szene oder ein Slapstick entsteht.

Sollte es Ihnen schwer fallen, diese Szene zu spielen, schlüpfen Sie in die Rolle eines Regisseurs und erzählen Sie Ihrem Partner, wie Sie das Stück inszenieren, wie Sie sich das Agieren der Schauspieler vorstellen und worauf die Schauspieler zu achten haben.

Mit dieser Übung können Sie alte problematische Erfahrungen aus dem Abstand und mit Humor anschauen. In aktuellen Situationen, in denen Sie als Paar in Ihre alten Muster zu geraten drohen, werden Ihnen ganz sicher diese Filmszenen einfallen. Häufig gelingt es dem Paar dann, das Abgleiten in eben die alten Muster abzubrechen oder in Lachen auszubrechen. Was das Paar mit dieser Übung bewusst inszeniert hat, kann nun nicht mehr automatisch und unbewusst ablaufen.

Alte Muster und Motive – ganz naiv gesehen!

Einigen Sie sich als Paar wieder auf eine problematische Paarszene, die Sie vor zwei bis drei Jahren miteinander erlebt haben.

- Lassen Sie die Szene auf Ihrer imaginären Kinoleinwand ablaufen. Sobald sich das Muster oder der Konflikt entfaltet haben und weiter eskalieren, halten Sie den Film an und lassen ihn zu einem Standbild »einfrieren«. Lassen Sie dieses Standbild auf sich wirken. Vermutlich wird Sie dies schon zum Schmunzeln reizen.
- Nun lassen Sie beide Filmfiguren auf Ihrer Leinwand jünger und jünger werden – zunächst bis in ein Alter von etwa acht bis zehn Jahren. Das bisherige Paar ist nun ein Geschwisterpaar, das Ihren Clinch und Ihr Muster als Paar auf dieser Altersstufe weiterführt. Dabei erinnern Sie sich an einen typischen Geschwisterkrieg, wie er in diesem Alter üblich und ganz normal ist: Die Geschwister liegen sich heftig in den Haaren, sie beschimpfen sich mit den übelsten Ausdrücken, sie provozieren sich gegenseitig, einer wird in Tränen ausbrechen, der andere wird triumphierend oder schuldbewusst dreinschauen, vielleicht endet die Szene damit, dass beide traurig oder schmollend von dannen ziehen.
- Lassen Sie nun die beiden Geschwister in Ihrem Film noch jünger werden. Die beiden sind zwei- bis dreijährig und sitzen im Sandkasten. Sie sehen sich beide, wie Sie sich von Kinderfotografien in diesem Alter her kennen. Sie selbst sitzen also als 2–3-jährige ebenso im Sandkasten wie ihr 2–3-jähriger Partner. Lassen Sie die

100

beiden nun auf dieser frühen Ebene Ihr Paarspiel weiterführen. Erinnern Sie sich dabei an typische Streitigkeiten im Sandkasten: Ein kleiner Junge schaut zu einem Mädchen, wirft Sand nach ihm und grinst. Das Mädchen wirft ebenfalls Sand. Plötzlich liegen die beiden sich in den Haaren und ziehen sich gegenseitig in den Sand.

- Ein andere Szene: Ein kleiner Junge und ein kleines Mädchen streiten sich um die rote Sandschaufel, obwohl eine gelbe, eine blaue und eine grüne Schaufel daneben liegen. Schauen Sie genau zu, mit welcher Energie und Inbrunst die beiden kämpfen. Nehmen Sie wahr, dass es für beide Kinder ein »Kleinkrieg« ist, bei dem es um Alles oder Nichts, kurz ums Überleben geht (ganz ähnlich wie in Ihren unbewussten Paarmustern und Partnerschaftskonflikten).

- Sollten Sie Schwierigkeiten haben, sich selbst als Kind vorzustellen, verwandeln Sie das Standbild Ihres Films in einen Comic und lassen die beiden Comic-Figuren Ihren Clinch weiter austragen. Vielleicht fällt Ihnen ein für Sie passendes Comic-Paar ein: Hägar und Helga, Majestix und Gute Mine aus Asterix, Lucie und Schröder aus Charlie Brown, Donald und Daisy oder andere Figuren aus bekannten Comicstrips.
Gelingt Ihnen dies, werden Sie ein Schmunzeln oder ein Lachen über sich als Paar wohl kaum vermeiden können.

- Erzählen Sie jeweils Ihrem Partner die Szenen, die Sie in Ihrer Vorstellung als Kinder- oder Comic-Figuren erlebt haben. Beginnen Sie wieder mit der Form »Ich habe da zwei Kinder beobachtet, die hatten sich in den Haaren …«

Erzählen Sie das in pointierter Form und versuchen Sie dabei die Intensität des Clinches auszudrücken. Amüsieren Sie sich beide über die Kinder, schütteln Sie ein wenig ungläubig den Kopf, und lächeln Sie liebevoll über diese »Kindsköpfe«, denn Sie kennen das aus eigenen Kindheitserfahrungen nur zu gut.

Durch diese Übung werden Sie humorvoller mit Ihren Motiven und Bedürfnissen, die hinter Ihren Paarspielen stecken, umgehen können. Sie können nun mit Ihrem Partner über Ihre Bedürftigkeit reden und gemeinsam überlegen, wie Sie mit Ihren Bedürfnissen, Sehnsüchten und Wünschen in der Beziehung besser zum Zuge kommen. Der in dieser Übung eröffnete Blick hilft Ihnen aber auch, zu sehen, dass Sie nicht jedes Bedürfnis aus der Kindheit durch Ihren Partner erfüllt bekommen werden. Vielleicht können Sie sich einen Teil davon selbst erfüllen oder auch – schmerzlich zwar – sich davon verabschieden.

Ganz sicher werden Sie Ihre bisherigen Muster und Paarspiele nicht mehr so intensiv und massiv wie bisher spielen können, weil Ihnen immer wieder die obigen Szenen einfallen werden.

Ein Paar kann sich daraus ein Spiel und einen Sport machen, indem
- es den Anfang eines Spiels oder Musters mit Sätzen wie den folgenden kommentiert: »Aha, jetzt gehen wir also wieder auf unseren Trip!«
- es die Verletzungen und Kränkungen der möglichen Eskalation ironisch benennt: »Es muss uns riesigen Spaß machen, einander weh zu tun und fertig zu machen.«

- es die Absurdität des Clinches benennt: »Und nun spinnen Sie wieder, die Müllers.«
- es das negative Endergebnis des Spiels ironisch vorweg nimmt: »Und am Ende sind wir beide k.o. geschlagen.«
- es sich das in der Übung entwickelte Bild vor Augen führt: »Jetzt machen wir es wie damals im Sandkasten« oder: »Ganz wie Hägar und seine Helga.«

Das Paar kann so einen liebevoll ironischen Blick auf die gemeinsamen Schwächen der Paarbeziehung und auf die bekannten Muster und Spiele entwickeln. Es macht geradezu Spaß, immer häufiger und frühzeitiger die eigenen Konflikte so zu kommentieren. Zentral dabei ist, dass der Kommentator nie den anderen als Verursacher oder Schuldigen bezeichnet, sondern mit der witzigen Kommentierung immer das Muster des Paares – und damit auch seinen eigenen Anteil – »aufs Korn nimmt«.

Gelingt dies beiden Partnern, kann eine gelassene, bisweilen witzige Kultur wachsen, die in der Beziehung eine wohlwollende Atmosphäre schafft.

Humor ist, wenn man trotzdem lacht

Wirklich schade, dass es keine Änderungsschneiderei für Partner, Mann wie Frau, gibt. Es wäre zu schön – und zu einfach – würde sich der Partner ändern, am besten nach den eigenen Vorstellungen. Nicht selten kommen Paare in die Paartherapie mit dem unbewussten Wunsch, dass der Paartherapeut dem Partner nun die Meinung sagt und dass sich dieser dann endlich ändert. Es ist zunächst enttäuschend, vom Paartherapeuten zu hören, dass auch er den Partner nicht auf Bestellung ändern kann. Vielmehr – und das ist die zweite Enttäuschung – entsteht Veränderung in der Paarbeziehung damit, dass jeder Partner bei sich selbst beginnt.

Mit dieser Enttäuschung, dass der andere sich nicht nach meinen Vorstellungen verändern lässt, spielen dieser und zahlreiche ähnliche Witze.

Der Witz wandelt die Enttäuschung in ein Schmunzeln um, sodass ein distanzierter Blick auf den eigenen, nun als unmöglich erkannten Wunsch frei wird. Vielleicht hilft diese intuitive Einsicht auch ein wenig, die Unveränderbarkeit des Partners zu realisieren und schließlich zu akzeptieren, zumal der Witz auch mit vertauschten Rollen gezeichnet sein könnte. Nicht nur der andere, sondern auch ich habe meine unveränderlichen Anteile.

Das Unveränderliche liebevoll belächeln

Jeder, der in einer Paarbeziehung lebt, ist immer wieder versucht, den Kampf gegen das Unveränderliche beim Partner und damit gegen den Partner aufzunehmen. Es kommt dabei oft nicht nur zu einem Kampf gegen Windmühlenflügel, sondern gegen die Beziehung selbst. An Stelle eines solchen Kampfes aber könnte das Lächeln stehen.

Dieses Lächeln sieht das Unveränderliche am anderen und an der Paarbeziehung und nimmt es akzeptierend wahr. Der Humor, der trotzdem lacht, nimmt die Enttäuschung auf und lässt sich das Lachen nicht vergällen, sondern setzt im Lachen darüber einen kreativen Umgang mit dem Unveränderlichen in der Paarbeziehung um.

Dieser Humor weiß,

- dass jeder von uns seine unveränderbaren Seiten hat, die ich als Defizit, als Macke oder als Störung erlebe. Wenn ich mir sagen kann: »Mein Partner hat Macken, ich auch, vielleicht ein paar mehr als er«, dann bin ich aus dem Clinch heraus getreten. Ich kann aufhören, meinem Partner aufzurechnen, wer die Beziehung mehr belastet.
- dass es in jeder Beziehung Ungelöstes und Unlösbares gibt. Dieses Unlösbare gehört zu uns als Paar, ist Teil unserer gemeinsamen Geschichte und zeichnet uns als besonderes Paar aus. Wenn Sie dies so betrachten können, dann können Sie es auch im Lichte eines milden Humors als die Ironie Ihres Paarschicksals nehmen, manchmal sogar belächeln.
- dass das Unveränderbare in meiner Partnerschaft eine

Herausforderung ist, die mich in meiner Entwicklung weiterbringt. Und – auch hier wieder die leise Ironie der Liebe – diese Herausforderung habe ich im Verlieben mir auch noch gewählt und letztlich so gewollt. Könnte ich hier nicht schmunzelnd sagen »Selbst schuld!« und die Herausforderung als meine eigene Wahl annehmen?

• dass ich sehr wahrscheinlich mit jedem anderen Partner an dieselben unlösbaren Fragen und Schwierigkeiten geraten würde. Und zwar aus dem ganz einfachen Grund: Ich wäre auch in einer anderen Partnerschaft der, der ich bin. Und zweitens würde ich mir vermutlich wieder einen Partner auswählen, der in seiner Persönlichkeitsstruktur die ähnlichen Themen mitbrächte. Könnte es nicht zum Schmunzeln reizen, wenn ich mir vorstelle, dass ich mit einem anderen Partner genau dieselben Kämpfe und dieselben Clinches austrage?

Der ganz normale Wahnsinn

Als Paar spüren wir, dass wir auch auf einer tieferen Ebene an Unveränderbares stoßen. Dies hat nichts mit den persönlichen Eigenheiten und Beschränkungen der Partner zu tun, sondern gehört zu den Paradoxien jeder Beziehung.

Es ist wohl die unumgängliche Aufgabe eines jeden Paares, das einen längeren Weg miteinander gehen will, diese Widersprüchlichkeiten in einer Partnerschaft als Realität zu sehen und zu akzeptieren.

• Die Paarbeziehung scheint die Lösung der Probleme zu

sein, die der Einzelne hat. Aber genau das, was wir als Lösung – die Paarbeziehung – betrachten, schafft ganz neue, unerwartete Probleme.

Wenn wir dies leugnen, haben wir zu zweit bald mehr Probleme, als wir sie allein hätten. Und dennoch oder gerade deshalb können viele Paare nicht voneinander lassen, nach dem Motto:»Wir können nicht miteinander und nicht ohne einander leben.«

Viele Paare halten eisern daran fest, dass es Glück nur zu zweit gibt – und genau diese ausschließliche Haltung erzeugt oft sehr viel Unglück in Partnerschaften.

- Die Liebe und das Glück sind flüchtige Gebilde. Je mehr wir sie als Paar festhalten oder erzwingen wollen, desto mehr entziehen sie sich uns. Wir dürfen für die Liebe nichts machen, nichts tun, und zugleich wissen wir auch, dass wir uns für die Liebe ins Zeug legen müssen, uns anstrengen und engagieren müssen. Eine verwirrende Eigenschaft von Paarbeziehung, die oft tragikomische Züge trägt. Dies insbesondere dann, wenn wir unsere oft verzweifelten, aus der Distanz aber komisch anmutenden Anstrengungen sehen, mit denen wir um die Liebe kämpfen und diese zugleich vertreiben.

- Die Liebe ist das Größte, das Wichtigste im Leben – ohne sie sind wir nichts. Wir tun alles, um zu ihr zu gelangen. Wenn wir sie dann haben, machen wir sie alltäglich oder gar kaputt. Die Liebe ist das höchste Lebensziel, aber wenn wir ihrer habhaft werden, scheint sie uns zu viel zu werden, uns zu dicht auf die Haut zu rücken und uns zu überfordern.

Wir gleichen Kindern, die sehnsüchtig auf das Weihnachtsgeschenk warten. Haben sie es dann in der Hand

und vor Augen, legen sie es nach kurzer Freude achtlos in die Ecke.

Es ist tatsächlich paradox: Liebe in ihrer Idealform scheint nur aus der Ferne möglich, obwohl sie doch nur in größtmöglicher Nähe und Intimität präsent ist.

Darf's ein bisschen schwarzer Humor sein?

Natürlich darf es auch in einer Partnerschaft ein wenig schwarzen Humor geben. Aber er sollte in jedem Fall mit einer gehörigen Portion Liebe gemildert werden. Das heißt vor allem, dass sich der schwarze Humor nicht abwertend gegen den anderen wendet, sondern sich auf ein weiteres zentrales Grundproblem einer jeden (!) Paarbeziehung bezieht.

Dies in eben jeder Beziehung mitgegebene Thema ist das der Sterblichkeit und Begrenztheit der Liebe. Kein Paar, das bewusst lebt, kann sich dieser Thematik auf Dauer entziehen. Es muss sich damit auseinandersetzen – eine Form ist die des schwarzen Humors.

Schwarzer Humor setzt sich mit dem schwierigsten Thema, mit Sterben und Tod, auseinander. Der Humor, der hier trotzdem lacht, bezieht seine Energie aus dem Trotz und der Rebellion gegen den Tod. Zugleich setzt er die Angst vor dem Tod und die Trauer, die mit dem Tod verbunden ist, in das Lachen um. »Lachen statt Weinen« steht als Thema hinter dem schwarzen Humor. Schwarzer Humor gebärdet sich dabei so aggressiv, weil er den großen Aggressor Tod abwehren muss. Er muss deshalb selbst massive »Geschütze« auffahren, weil der

Gegner Tod heißt. Natürlich weiß auch der rabenschwärzeste Humor, dass er den Tod und das Sterben mit seinem Witz nicht endgültig, sondern nur für Augenblicke besiegen kann, aber genau von diesem kurzen Triumph lebt der schwarze Humor.

Viele Partnerschaftswitze kombinieren das Thema Partnerschaft und Tod. Dem folgenden Witz gelingt diese Kombination aufs Glücklichste:

> Zwei Golfer auf der Runde ... Irgendwann kommt ein Leichenzug des Weges. Der eine nimmt seine Mütze ab und senkt seinen Kopf in Richtung des Sarges.
> »Mann, bist du heute aber pietätvoll!«, sagt der andere.
> »Na, schließlich war ich 37 Jahre mit der Frau verheiratet!«

Die Trennung oder Scheidung als der Tod einer Beziehung wird in vielen Witzen thematisiert. Auch hier wird der Tod einer Beziehung im Witz als nahegehende und schmerzliche Erfahrung abgewehrt.

Doch nicht erst in einer Trennung, sondern stets und stetig muss sich jede Partnerschaft mit Abschiednehmen und Sterben auseinandersetzen. Zunächst sterben im Laufe einer Partnerschaft das Verliebtsein und oft auch die romantische Form des Liebens, manche Ideale und hochfliegende Vorstellungen, schließlich häufig auch gemeinsame Pläne und Träume für die Zukunft.

> Sie himmelt ihn in einer romantischen Stunde an und flüstert: »So werde ich dich ewig lieben.« Er küsst sie und lächelt sie dann an: »Ja, Liebling, bis zu unserem nächsten Streit.«

Gerade in der Liebe wird die Endlichkeit der Liebe, aber auch des Lebens immer wieder besonders schmerzhaft deutlich. Auch die Entwicklung als Paar ist als ein immer neues Abschiednehmen zu verstehen. Das Paar erlebt die Veränderungen der Zuneigung, erfährt das Älterwerden beider Partner und der Liebe; schließlich ist die Möglichkeit, dass die Liebe und Zuneigung sterben und in einer Trennung enden, nie ganz auszuschließen.

Wenn hier ein Schuss schwarzer Humor einsetzt, kann er dem Paar helfen, die Abschiede zu verschmerzen. Das Paar kann sehen, dass solche Abschiede ganz normal sind, ohne gleich die Beziehung als solche zu gefährden.

Allerdings steht schwarzer Humor in der großen Gefahr, zum Zynismus, also zur verbitterten, aggressiven Ironie zu werden. Deshalb braucht ein Paar zu guter Letzt noch ein weiteres, nämlich den Humor aus der Weisheit.

Humor aus Weisheit

Dieser Humor hat sich ausgesöhnt mit den Widersprüchlichkeiten, den Defiziten und den Abgründen einer Partnerschaft. Er akzeptiert die Begrenztheiten einer Paarbeziehung und kann darüber liebevoll, milde lächeln. Er geht in einen gelassenen Abstand zur Beziehung und zum Partner und verliert dennoch nicht die liebevolle Nähe zum anderen.

Ein solcher Humor ist vor allem älteren Paaren geschenkt, die viele Höhen und Tiefen auf ihrem gemeinsamen Weg bewältigt haben und die im Rückblick darauf über manche Aufgeregtheit, manchen Kampf, manche Enttäuschung mit erfahrenem Wissen lächeln können. Die Partner wissen, dass im Verlieren ein Gewinn, in der

Niederlage ein kleiner Sieg, im Streit die Zuneigung – und jeweils umgekehrt – liegen kann.

Kurz: Der weise Humor in einer Partnerschaft hat gelernt, dass alles relativ ist und alles anders sein könnte. Und darüber kann man sich mit dem Partner bis aufs Blut bekämpfen, oder man kann es auch sein lassen, darüber kann man weinen und wütend sein oder eben weise schmunzeln!

Letzteres ist wesentlich gewinnbringender, und vor allem dient es mehr als alles andere der Liebe. Allerdings: Lachen ist auch schwieriger. Deshalb ist es in jeder Partnerschaft einzuüben.

Aber es ist zu schaffen. Das wäre doch gelacht!

Wir wollten doch immer mal zusammen Pferde stehlen gehen!

Quellennachweis
Literatur

Gaymann, P.: 6 Abbildungen © Cartoon Concept GmbH,
Hannover

Jellouschek, H.: Die Kunst, als Paar zu leben, Stuttgart 1992

Kachler, R.: Vom Geheimnis glücklicher Paare, Stuttgart/
Gütersloh 1999

Loriot: Herren im Bad und sechs andere dramatische
Geschichten, Zürich 1997

Papan: 3 Abbildungen aus: »Schwamm drüber«.
© Fackelträger Verlag GmbH, Oldenburg

Tucholsky, K.: Panter, Tiger & Co, Hamburg 1954/Taschen-
buchausgabe

Die Deutsche Bibliothek – CIP-Einheitsaufnahme
Ein Titeldatensatz für diese Publikation ist bei
Der Deutschen Bibliothek erhältlich.

1   2   3   4   5   05   04   03   02   01

© 2001 Kreuz Verlag GmbH & Co. KG Stuttgart
Ein Unternehmen der Dornier Medienholding GmbH
Postfach 80 06 69, 70506 Stuttgart, Tel: 0711/78 80 30
Sie erreichen uns rund um die Uhr unter www.kreuzverlag.de.
Umschlagbild: Papan, aus: »Schwamm drüber«.
© Fackelträger Verlag GmbH, Oldenburg
Umschlaggestaltung: Atelier Reichert, Stuttgart
Satz: detepe, Aalen
Druck und Bindung: GGP Media, Pößneck

Die Schreibweise entspricht den Regeln
der neuen Rechtschreibung.

ISBN 3 7831 1891 3

Das Glück bewahren

Hans Jellouschek
Die Kunst als Paar zu leben
160 Seiten
Hardcover mit Schutzumschlag
Bestellnr. 1150

Die sieben wichtigsten Schritte zu einer glücklichen und dauerhaften Liebespartnerschaft.
Hans Jellouschek gibt in der Praxis erprobten Rat für Paare, die ihre anfängliche Liebe lebendig halten wollen. Ein Klassiker der Paarliteratur!

Märchenhafte Paare

Hans Jellouschek
Beziehung & Bezauberung
200 Seiten, Hardcover mit
Schutzumschlag
Bestellnr. 1730

Hans Jellouschek erhellt an Paaren aus Mythen und Märchen die innere Architektur und Atmosphäre ganz verschiedener Paarbeziehungen. Ein Paar, das wie Hänsel und Gretel ins Leben geht, hat einen ganz anderen Hintergrund als ein Paar wie Orpheus und Eurydike, Othello und Desdemona oder Merlin und Viviane. Immer wieder aber geht es um das, woran ein Paar heute scheitern und was die Beziehung wieder lebendig machen kann.

Ein Meisterwerk der Paartherapie

KREUZ: Was Menschen bewegt.

www.kreuzverlag.de